カトリック・サプリ 3

人生に希望の種を蒔く25の話

竹下節子

ドン・ボスコ新書

もくじ

その5 進み続けるかぎり世界は広がる

序にかえて

東京教区大司教　岡田武夫

私は「カトリック生活」の愛読者の一人です。このたび「カトリック生活」で連載中の竹下節子さんの「カトリック・サプリ」をまとめた新刊書が発行される由、伺いました。私は竹下さんの著書はフランスと日本の文化の違いなどの点からも興味深く拝読し、ときには日本の福音化のための示唆をいただいており、感謝しております。「カトリック・サプリ」は部分的に拝見しているだけで序文を寄せるにふさわしい者とも思われませんが、ご依頼をいただきましたので、今、心中にある日本の福音化についての思いを断片的に述べて序文に代えさせていただきます。

この原稿を書いている今日は、二〇一六年三月十八日、聖ヨセフの祝日の前日、受難の主日の前々日です。東京大司教と兼務している教区管理者の仕事のため、さいたま教区事務所にきています。

私は一九九一年に浦和教区（現在のさいたま教区）の司教に任命され、その後、二〇〇〇年に東京教区大司教に任命されました。任命の際に選んだ司教のモットーは「主に望みをおく人」です。すなわちイザヤはこう述べています。

「若者は倦み、疲れ、勇士もつまずき倒れようが
主に望みをおく人は新たな力を得
鷲のように翼を張って上る。
走っても弱ることなく、歩いても疲れない」

（イザヤ40・30〜31）

司教の任務遂行には多くの困難が伴います。多くの人の祈り、励まし、助けをいただき、支えていただいて、そのおかげで今日まで歩んで参りました。神さまと皆さんに感謝いたします。

さて、「いつくしみの特別聖年」である今年は、三月四日（金）から五日（土）にかけて「主にささげる二十四時間」が行われました。教皇フランシスコの呼びかけに応え、世界中でさまざまな祈りがささげられたことと思いますが、東京カテドラル（関口教会）にも多くの人が集まり、席はほぼ満杯になりました。文字どおり徹夜でお祈りしてくださった方々も二十人以上いらっしゃいました。私も久しぶりで、大聖堂で静かな祈りの時をもち、あらためて思いました。今、私たちに必要なのは、このような時間と機会ではないか、と。

毎日諸事に追われて心安らぐことが乏しい日々のなか、「主に立ち返りなさい。希望の源へ心を向けなさい」という声が聞こえます。日本の福音化ということが、いつも私の念頭にあります。先日も、カトリック中央協議会で「新福音化委員会」が開かれました。日本のカトリック教会は第二バチカン公会議を受けて、一九八七年と一九九三年の二回にわたり「福音宣教推進全国大会」（NICE1、NICE2）を開催しています。その振り返りと反省に基づき新たな福音化の道を探る必要がある、という結論になりました。

かつてNICEは「開かれた教会づくり」のために開催されました。当時も「遊離」という現実を克服するためにこの主題が選ばれました。では誰に開かれた教会か。弱い立場に置かれた人、孤独な人、病気や障がいに苦しむ人、高齢者、貧困・差別・虐待に遭っている人、軽視され無視され、後回しにされ、人間の尊厳を否定されている人、寄る辺のない人、無知と暗闇に置かれている人……。そのような人々に「開かれた教会」を建てるための会議でした。そして、その人たちのために私たちは今まで何をしてきたのでしょう。

今、私たちは「いつくしみの特別聖年」を過ごしています。「神のいつくしみ」はどこに、誰に、どのように届けられているのでしょうか。

今こそ恵みの時です。キリストの復活を勇敢に宣言し、証しできますように願ってやみません。共にお祈りしましょう。
そして竹下さんのこの新刊書は、そのための有益な助けとなることを期待します。

二〇一六年三月十八日　復活祭を前に

＊本書は「カトリック生活」誌二〇一二年から二〇一四年までに掲載された竹下節子氏の連載〝カトリック・サプリ〟より抜粋、加筆、再構成したものです。

その1

アンテナを広げよう

私たちは何を傾聴するのか

ワシントンのメトロで弾いたマエストロ

「傾聴」という言葉で思い出すのは、二〇〇七年の一月にワシントン・ポスト紙が企画したちょっとした実験のことだ。

金曜朝の七時五十一分、メトロの駅の構内で、野球帽をかぶり長袖のTシャツを着た男がキオスクの近くでヴァイオリン・ケースから楽器を取り出して弾き始めた。ケースには小銭が入れてある。物乞いのミュージシャンのようだ。通勤のため足早に通りかかる人は、彼に目を留めないし、音色も聞こえていない。四十五分間で千人以上の人が通過した。全部で七人が、少しの間だけ男を遠巻きにして曲を聴いた。たった一人だけが、彼の演奏を聴いたことがある、すばらしかったと話しかけた。

男は名演奏家のジョシュア・ベル。二日前にボストンのシンフォニーホールを満席にしたばかりで、楽器は一七一〇年のストラディヴァリウスだった。駅で弾いたのはバッハのシャコンヌやシューベルトのアヴェ・マリアだ。通り過ぎた千人以上の人の中には、音楽好きの人もいたはずだ。彼らの耳に少しでも音楽が届いていたら、決して無反応ではすまされなかったろう。残念ながら、彼らの耳には何も聞こえていなかったのだ。いや、誰の耳にも聞こえていなかった。高い料金を払って何カ月も前から予約して、おしゃれをしてわくわくしながら会場に行き、舞台でライトを当てられたマエストロの弓が振り上げられるのを見れば、誰でも大いに感激しただろうに。

この様子はウェブ上で流されて、何百万人もがアクセスした。私たちは、繰り返す「日常」をこなして生きるときに、偶然目の前に繰り広げられたり、賜物のように無償で奏でられたりする宝物を、いとも簡単に見過ごしたり聞き逃したりしてしまうのだ。

ひょっとしたら、宝物であればあるほど、それはひっそりと、そっと隠れていたり、この上ないシンプルな姿でそこに置かれていたりするのかもしれない。どうしたら、それに気づくことができるのだろう。

ベルリンの壁の前で弾いたマエストロ

一九八九年の十一月の初め、長い間難攻不落かに見えていたベルリンの壁が崩れた。東西の長い冷戦に雪解けが訪れ、分断されていた人たちが互いに「あちら側」に殺到したのだ。パリでそのニュースを知らされたチェロの巨匠ロストロポーヴィチは、いてもたってもいられなくなって、その二日後に現場に駆けつけた。パトロンでもあった会社経営者に電話して自家用ジェット機を飛ばしてもらったのだ。

ロストロポーヴィチは、反体制作家ソルジェニーツィンを支援したことでソ連国籍を剥奪されて十五年も国外追放されていた。その間も、「自由」のためにあらゆる方法でアピールを続けていた。ベルリンの壁の崩壊は、二つに裂かれていた自分の心が再び一つになることだったのだ。そのときに彼の心に浮かんだのは、チェロを持って崩れた壁の前に行き、神に感謝の祈りをささげたいということだ。誰かのために演奏しようというのではなかった。

演奏するのはバッハの無伴奏チェロ組曲、バッハの音楽は彼にとって神につながる「言葉」だったからだ。男二人とチェロ一台は、飛行機から降りてタクシーに乗り、壁のチェック・ポイントに駆けつけた。監視所から無理に椅子を調達し、壁を背にして置き、石畳にチェロのエンドピンを立て、すでに若くない巨匠は、すぐにバッハを弾き始めた。

私たちはこのときの様子も今、ウェブ上で見ることができる。彼のすぐそばに小さな人垣ができたものの、後ろの壁に何かを描き続けている人もいれば、すぐそばを通り過ぎて行く人もいる。大勢の人が、てんでんばらばらに自由と平和の訪れに歓喜し、興奮しているのだ。ワシントンの通勤時間と違って、そこにあるのは非日常であり、祭典の昂揚だった。

雑踏の路上の演奏は、音響や完成度の点ではそれなりのものでしかなかった。けれども彼が誰なのか知らないで周りにいた人たちと、彼は、確かに何かを分かち合っていた。一人の若者が、サラバンドを聴いて、泣いた。

笛吹けど踊らず

イエスは自分の言葉を信じないユダヤ人たちに「わたしの言っていることが、なぜ分からないのか。それは、わたしの言葉を聞くことができないからだ」(ヨハネ8・43)と言った。マタイによる福音書(11・17)には、有名な「笛を吹いたのに、踊ってくれなかった。葬式の歌をうたったのに、悲しんでくれなかった」と広場で嘆く子どもたちの言葉が出てくる。聞こえていても聞いていない、聞いていてもわからない、わかっても共感しない、そんなことはたくさんある。「耳を澄まして分かち合う」というのは、意志によって起こすアクションだ。耳を澄まして分かち合おうと一度決意すれば、私たちは静寂を聴くこともできる。どんなに美しい音楽演奏が流れていても、それが生まれ、やがて帰っていく大洋の静寂の気配がとらえられていないときには、美しさは、意味をもって立ち上がってはこない。

無償で与えられ、私たちを生かしてくれている大気のことを、私たちは普段気にとめない。自分が寝ても覚めても呼吸していることすら意識にのぼらない。けれども、たまに深呼吸したり息を整えたりしてみると、私たちはこの大気をいのちの糧として分かち合っているすべての生きとし生けるものと同じ地平に参入する。

口を閉ざして傾聴することは、豊かな静寂の大洋の中深く潜りこむことでもあるし、静寂が自分の中に満ちてくるままにすることでもある。そうすることでしか聞こえてこない聖霊の声があるのだ。

「傾聴」とは、祈りのひとつの形にほかならない。

聖書の不思議な数字

フランス語の一番長い単語

フランス語はドイツ語のようにいくつもの言葉が連なって別の言葉をつくるタイプの言語ではないけれど、接頭辞や接尾語がつくときや、ギリシャ語由来の医学用語などでは、とてつもなく長いものがいくつかある。その一つが二十九文字からなる「エグザコズィオエグゼコンタエグザフォビー hexakosioihexekontahexaphobia」つまり「六百六十六恐怖症」と呼ばれる症状だ。

「六百六十六」が何かというと、新約聖書のヨハネ黙示録十三章八節に出てくる「獣（サタン、アンテクリスト）の名の数字」なのだ。キリスト教国では三つの六が続くこの字面を恐れて忌避する人が古来多かったが、十三日の金曜日と同じくホラー映画などに使われたので、今やその凶々《まがまが》しさはグローバル化している。

一九八〇年代終わりにカリフォルニアのレジデンスに引っ越したレーガン元大統領夫妻が六六六という番地を六六八に変更させたり、二〇〇六年六月六日に子どもを産むのを嫌がる女性が増えたりしたのは、日本で死や苦を連想させる四や九の数字が嫌われたり丙午の年の出生率が下がったりするのと同じような心理だろうが、六六六恐怖症の中には分数の三分の二が〇・六六六……であることから三分の二を嫌う人までいる。

実際は、六六六でなく六一六や六六五という写本も存在していたし、聖書の中でこの数字の出てくる他の個所（エズラ2・13、バビロン捕囚からエルサレムに帰還したイスラエルの民アドニカムの一族六六六人、列王上10・14、ソロモンの歳入金六六六キカル）には特にネガティブな意味はない。

黙示録が書かれた時期や、ヘブライ語やギリシャ語では文字と数字が対応することから、この数字をローマの暴君ネロの符牒〔N（50）＋R（200）＋W（6）＋N（50）＋Q（100）＋S（60）＋R（200）＝666〕だとする考えは昔からあった。トルストイは『戦争と平和』の中でこの数字がナポレオンだと言わせ、その後もヒトラーを指すなどのさまざまな解釈が現れた。

十四万四千人

この六百六十六のすぐ後に出てくるのが十四万四千という数字だ。これは、獣の六百六十六という数字の刻印ではなく小羊と小羊の父の名が額に記されている者たちの数で、地上からあがなわれて天の玉座の前で歌うことのできる人たちだ。六六六の対極にあるポジティブな数字で、マヤ暦で十四万四千日が周期とされるように十二進法と関連する普遍性がある。黙示録ではイスラエルの十二部族からそれぞれ一万二千人が選ばれたとある。キリスト教では「行って、すべての民をわたしの弟子にしなさい」

（マタイ28・19）とイエスが使徒たちに命じたように、イスラエルの十二部族（イエスに呼ばれて答えるすべての民を指す霊的なイスラエルとされる）に十二使徒を掛け合わせた一四四に、多数を示す一〇〇〇を掛けたものだと考えられる。

けれどもこの数字も、すべての人間の中から選ばれ、救われるのは限られた者だけだと解釈されて、特に終末論的な教派から信者獲得のために利用されることがある。神が恵みを与える者の数を具体的に制限するなどというのは、移民を制限する国家のようで、いかにも人間の考えそうなことだ。

聖書における数は象徴的なものであって、別に難しいカバラだのオカルトだので計算しなくても、全体的に単純な意味があると見なされている。一は唯一で永遠の神、二は神の言葉（旧約と新約、モーセに二回にわたって二枚の石板に掟が書かれた）、三は三位一体のごとく霊的な神の数字、四は地上的で物質的な世界で東西南北や四代元素や四足の動物を含む。五はモーセの五書のごとく律法であり、十戒も五つずつ石板に書かれた。六は、霊（三）と肉（四）の合一である創造の完成（七日間）の七から、神である一が拒絶された状態だ。八と九には特別な意味がなく、十は十戒で五と同じく律法を表す数字だ。十一はまれで、十二が神の民や使徒の数で「神に属する者」を現す。霊（三）と肉（四）を掛け合わせたものだが完成したものというわけではない。

四十日の断食は物質的、肉体的にはつらいが七日や七十日と違って創造には直接結びつかないという。この数字の論理によると、たとえば天国に行く者の数が四千人でもなく七千人でもないことの意味がわかるらしい。つまり四千人なら動物も含めたすべてのものが救われるし、七千人なら完璧な人間だけが選ばれることになる。しかし救いは完全であるかどうかとは関係がない。「神の民」になりたいという意思に関係があるのだ。完成に向かいたいという望みそのものがいのちの躍動であって、それがあるかぎり、人は肉体を失っても生き続けるというわけである。

六六六の本当の意味

一方、六は人が「一である神」を拒絶して霊的なもの抜きで生きることだから、肉体が朽ちればいのちはなくなる。六六六は、神の拒絶を三度繰り返す「負の三位一体」であり、「人間の人間による人間のため」だけの世界に閉じこもることになるのだ。

そこには神が入る余地はないが、神が入る場所というのは実は、他者と出会う場所でもある。そこを閉じてしまうと、人間どころか「自分の自分による自分のため」の世界に引きこもることにもなる。人道主義だとか人間中心主義だとかは、言葉は簡単だが、実は、人と人とをつなぐ「人を超えた何か」なしではエゴイズムや自分中心主義へと向かうものだ。

六六六の恐怖症だって、本当に怖いのは外から攻撃してくる悪魔などではなくて、他者との連帯や信頼関係を築けずに孤立する状態そのものではないだろうか。こう考えていくと、もう六六六の恐ろしげなさまざまな解釈も気にならなくなる。目に見えないものや証明できないものを信じることはただの迷信の場合もあるが、目に見えないものや証明できないものを信頼して物質的や肉体的な限界の先にある「完成」を夢見ることは、生命力の発動につながるはずだ。

私たちにその「完成」のイメージを失わせてしまうこの「六六六」の現実世界や凝り固まったエゴにも、求めさえすれば「一一一」の息吹が降り注いでみなぎることを、信じたい。

喜びのボランティア

モンマルトルの大統領

白亜のサクレ・クール大聖堂がそびえるモンマルトルは、画家のトゥールーズ・ロートレックやユトリロの名前と共に日本でもおなじみの庶民的なパリの界隈だ。

このモンマルトルでアーティストたちが提唱して一九二一年の五月に生まれた人道組織の「モンマルトル共和国」は、今やフランス中に四千人近くもの自称「国民」を抱えている。世界中に名誉市民もいれば、「夜の大臣」だとか「ワインの大臣」もいる。

モンマルトルにはブドウ畑があって、毎年秋には五十万人の人が集まるワイン祭りもあるのだ。

モンマルトル共和国大統領には「制服」がある。黒のフェルトのつば広帽子に黒のビロードのケープ、真っ赤なマフラーだ。この姿は、エディット・ピアフにも曲を残した有名な詩人で歌手のアリステッド・ブリュアンを記念したものだ。俗語を駆使していつも貧しい者や社会の底辺の人々の苦しみを歌い、搾取する階級を糾弾したが、非常な人気を博し、その姿は、ロートレックのポスターによって、永遠に残った。

フランス共和国の標語は三色旗で有名な自由、平等、友愛だが、モンマルトル共和国の標語は「喜びの中で善をなす」というものだ。ユモリストたちが立ち上げた「国家」だけあって、「喜び」というのは、「上機嫌で」とか「うきうきして」というニュアンスだ。

大統領が変わっても、祭りを開催したり寄付を集めたりして「子どもたちを支援するボランティア活動」をするということは変わらない。アートや社会が近代化していくことに抵抗するジョークの精神で生まれたパロディ「国家」なのだけれど、九十年以上という「上機嫌の善意」の連鎖の実績には驚かされる。

実際、モンマルトル共和国の「大統領」は、選挙運動用ではない屈託のない満面の笑みを、いつも浮かべている。

パスカル・イードの召命

モンマルトルでロートレックのポスターの格好をしてうきうきしている人を見るのも楽しいが、驚くのは、バチカンでローマン・カラーをつけて毎日うきうきしている人もいることだ。パリの司祭で、今はバチカンで世界中のカトリック大学の統括をしているパスカル・イード神父である。

医学、哲学、神学の三つの博士号をもっている雲の上のエリートであるはずなのだが、この人は、毎朝、サン・ピエトロ大聖堂の丸屋根が見える事務室の窓を開けるたびに、いつも変わらず新鮮な「わくわく感」に満たされて心が世界に広がっていくそうなのだ。今どき、毎日そんな朝を迎えるのは、子どもにだって多くないかもしれない。

聖職に就くべきか迷っていたときに、イードさんは、聖心信仰の発祥地パレ・ル・モニアルのチャペルで「主よ、どうしたらいいでしょうと」叫ぶように祈った。すると、沈黙の後で、心の中に主の答えが湧き起こってきた。「パスカル、君が司祭になったら私は嬉しいよ」というものだ。

イードさんは、リジューの聖テレジアが「愛することは喜ばすこと」と言っていたのを思い出し、「ええ、喜んでもらいたいですとも」と答えた。それが「義務の世界」から「愛の世界」に飛び込んだ瞬間であり、晴れ晴れした彼は、小躍りしながらチャペルを後にしたという。

その日以来、彼は神を喜ばそうと毎日わくわくしながら目を覚ますわけだ。

うきうき、わくわく

考えてみると、私たちが日常で一番素直に「うきうき、わくわく」できるのは、誰かを喜ばそうとしているときかもしれない。

母の日のプレゼントをそっと用意しておいてその日を待った子どものときとか、好きな人のためにマフラーを編んだ日々とか、眠る子どもの枕もとにクリスマス・プレゼントをそっと置いてやるときとか、遠くに離れている親や親せきに思い立って電話をかける瞬間とか、お祝いのカードを書いているときとか、お見舞いのお花を選んでいるときとか、ペットの喜ぶ顔を想像しながら新しいおもちゃを買っているときに至るまで、「喜んでもらえるかも……」という期待ほど、うきうき、わくわくさせてくれるものはない。自分自身の欲望を満たすため、自分を喜ばそうとすることには、それほどはうきうきもわくわくもできないものだ。

私は、確固とした信仰をもって世のため人のため全身全霊で尽くしている人を見ると、感動もするし尊敬もする。また、揺るがぬ信仰のもとに試練や病や死を恐れずにすべてを神の手に委ねているような人を見ると、その平安に感嘆し羨ましくも思う。

けれども、人生のどんな場面でも、つい打算が働いたり懐疑心が頭をもたげたりする私にとっては、そのどちらも自分とはかけ離れた特別な、あるいは幸運な人々だと考えていた。そういう逃げの姿勢そのものに罪悪感もあるせいか、「世のため人のため」に何かしようと思い立つときは、いつもかすかに「罪滅ぼし」のような気分が宿っていた。十字架の上で苦しそうなイエス像に促されて、「わかった、わかった、何とかするから」という気分で重い腰を上げることもある。

でも、モンマルトル共和国の楽しそうなボランティア活動や、イード神父の毎日が楽しそうな様子を見ると、そうか、「喜んでもらいたい」のが先決だなあ、と思えてきた。イエスは苦虫をかみつぶしたような謹厳な苦行者ではなくて、婚宴で水をワインに変えてしまうくらいに、周りの人を喜ばすのが好きだった。

そんなイエスは、十字架の上でたとえ「これはお前のために」と言ったとしても、「お前のせいで私はこんなに」とは決して言わなかっただろう。そう思うと、今は、十字架のイエス像を見ても、「よし、今日こそ、何とか喜ばせてあげるからね」という気になってくる。

そして、どうしたら十字架の主に喜んでもらえるのかというのは、たぶん、わかっている。周りのあの人やこの人に「喜んでもらいたい」という心をもって、うきうき、わくわく、小さなボランティアを楽しめばいいのだ。

喜びの泉は、きっと、決して、渇かない。

人生はホスピタリティー

主日の聖餐と家庭の食事

「共に食べる」のは、主の最後の晩餐と受難と復活に基づいた「聖餐」というキリスト教の中心にあるアクションだ。そうして主日に集まって「共に食べる」ことが生活に根づいていたせいだろうか、フランスに暮らしていると、家族友人が互いの自宅に誘い合って食事を共にする機会が多いことに驚く。

私が過去に日本の都会で暮らしていたころは、たまに祖父母がやって来て「客間」で鍋を囲むということはあっても、四人家族の食事は基本的に四人掛けのテーブルで営まれた。フランスのわが家には食堂とは別にキッチンにも八人掛けの食卓がある。

あるとき日本から遊びに来た友人の子どもがそれを見て「おばちゃんち、八人家族なの？」と質問してきた。椅子の数が家族の数だと刷り込まれているのだ。

一人ひとりに食事を盛りつける日本のスタイルと違って、フランスでは基本的に何でも大皿なので、食事時に一人や二人増えたからといって困らないし、実際、前菜が終わるまでは必ず余分の席に食器を並べておくという家庭もある。突然来た人に遠慮させずに食事を勧めるための習慣だ。複数の友人カップルをディナーに招き合うというのはごく普通のスタイルだし、週末ごとに子どもを連れて互いの両親の家を交互に訪問して食事するというのもありふれた光景だ。

近ごろは日本でも「ホームパーティー」がはやっているが、それは比較的恵まれた階層の人々によるおしゃれな試みという感じがする。それが「特別な機会」であることは変わらない。それに比べて、フランス人が何かというと気軽に集い合うのは、やはり週一度という「聖餐」の頻度に慣れていたからではないだろうか。

聖餐の必要性

カトリックには「洗礼」、「堅信」、「聖体」、「ゆるし」、「病者の塗油」、「叙階」、「結婚」という七つの秘跡があるが、洗礼や堅信は生涯一度だけのものだ。聖餐を除く他の秘跡は、罪を犯したとき、重篤な病のとき、家庭を築くとき、聖職の使命を受けるときなどの特殊な機会に授けられる。聖餐だけが、「日々のパン」のように繰り返し授けられるのだ。

普通、食物は消化されて食べた者の体に同化する。牛が食べた草は、植物なのに筋肉や骨を形づくるのだ。けれども「聖体」によって口にする「キリストの体」はその逆だと言われている。拝領した者のほうを神へと近づけてくれる。ホスチアが人の中で変化するのでなく人がホスチアの中で変化するのだ。

子どもは大きくなるために食べ、大人は力を再生産するために食べるが、私たちはこの世ではいつまでも神の子どものままで、成長し続けなければならない。だから、定期的に「キリストの体」を拝領する必要があるのだ。単にある共同体への帰属の確認のために特定の場所に集まって同じアクションをするというわけではない。

なるほど、そう考えると、他の秘跡による「恵み」は一回完結の永続性があるけれど、「聖餐」という神に向かって同化していく栄養物の摂取に関しては、消化しても消化しても（あるいは消化されても）、さらに補給しないと順調で継続的な「成長」が期待できないのかもしれない。復活祭とクリスマスだけなどというのでは明らかに「栄養不足」だ。多くの日本人のように、年始に一度の初詣で一年分の栄養（ご利益）を補給できるという感覚とはかけ離れているわけである。

だからこそ、伝統的なカトリック国には、そのような切実な「生きる糧」としての聖餐を主日ごとに配給してくれる教会が至るところにあって扉を開けているのだ。ホスチアだけでなく、教会や修道院は伝統的に、集まってくる貧者にパンやスープを配る場所でもあった。

今でも、寒い夜のクリスマス・イヴのミサの後では、「キリストの体」を授けるだけでなく多くの教会が暖かいワインや食事を会衆にふるまう。魂も体も無償で養うという流れが確かにあって、病人や一人暮らしの人、貧しい人、刑に服している人、ホームレスの人などをクリスマス・イヴやクリスマスの朝に訪問するボランティアの姿が風物詩のようになっている。

ホスピタリティー

それらの光景が記憶に刻まれているからこそ、もはや教会離れした人の多いフランスでも、家族の枠を超えて食事を分かち合う、誘い合うという習慣が根づいているのかもしれない。食事だけではない。彼らはたとえ都会のマンションに住んでいても平気で家族や友人を自宅に泊めるし、それはホテルの有無や予算の多寡と関係がない。客人に主寝室のベッドを明け渡して自分たちはリビングのソファベッドで寝る人も普通にいるし、逆に、たとえ多少居心地が悪くても友人や親せきの家を訪ねて泊まること自体がマナーの一つだと見なされることもある。

そこから思い浮かぶのは「ホテル」や「ホスピタル」の語源となったホスピタリティー（もてなし）という言葉で、もとはカトリック世界で巡礼者たちを無料で泊めたり食事を供したり倒れた人の世話をした信心会や修道会の伝統から生まれたものだ。

そもそもイエスの教えの中核に、「旅する人に宿を貸す」（マタイ25・35参照）というものがあったし、パウロも「聖なる者たちの貧しさを自分のものとして彼らを助け、旅人をもてなすよう努めなさい」（ローマの信徒への手紙12・13）と言い、「旅人をもてなすことを忘れてはいけません。そうすることで、ある人たちは、気づかずに天使たちをもてなしました」（ヘブライ人への手紙13・2）という言葉もある。「旅する人をもてなす」のは聖なる者や天使をもてなすこととつながるのだ。

「国境なき医師団」を生んだフランスには今でも国立病院内に身分を問わない無料診察枠があるし、ジプシーやホームレスや不法滞在者に特化して年に六千人も診療する医療団体も存在している。そこでは文字どおり、ホスピタリティーがいのちを救う。

そもそも「生きるということ」が「ホスピタリティー」と同義なのだろう。どんな人でも他者からの助けなしには生きていけないが、「もてなしの心」を抜きにした助けだけに頼っては尊厳のある生き方ができない。

聖餐という分かち合いは、もてなされた人が自分もまた他者をもてなすことが生の連鎖なのだと教えてくれる。

いのちの水とのつき合い方

ウーパールーパーと幼形成熟（ネオテニー）

キリスト教で水といえば、神が世界に配分するもので、いのちの糧ともなれば、大洪水のように処罰の道具ともなったし、神の霊を人に伝える洗礼の水でもある。地上の生命はすべて海水から生まれたというものの、一度進化して海水の組成と同じ体液を内部に抱えて地上に出た生物は、水に没するといのちを失う。そのことを考えるときに私が思い浮かべるのは、メキシコの湖に住む両生類の一種であるウーパールーパーという動物のことだ。

この動物は大きな頭に豆粒のような目、装飾的な鰓を頭にひらひらさせて四足でよちよち歩く珍しいもので、アニメのキャラクターになったりペットとして飼われたりするくらいに人気がある。

両生類というと、蛙のように、最初はオタマジャクシで魚のように水中生活をして、やがて手足が生えてくると蛙の姿になって地上でも暮らせるようになるものを思い浮かべる。けれども、このウーパールーパーというのは、水位を減らさずに飼えばいつまでも大人の姿にはならないことが特徴だ。そのことを幼形成熟という。

つるつるしたその幼形が愛らしいので、ペットはいつまでも水中で飼われ続けるのだけれど、なんだか、モラトリアム人間という言葉を思い出してしまう。いつまでも親の懐でぬくぬくと養われて社会に巣立つことなくうちに引きこもる若者や、いつまでも人形のようなメイクやファッションを続けたり舌足らずの言葉で話したりする女性の姿なども連想してしまう。

人工的な世界やヴァーチャルな世界では「未成熟」も魅力的な選択肢の一つなのだろうか。いのちの水から外に出ることがなければ溺れて死ぬこともないが、外の世界を知ることもないし、水との別のつき合い方を知ることもない。私たちの周りの世界はいつのまにか、厳しさや荒々しさを周到に隠されてのっぺりした幼形成熟を謳歌する世界に変わっていないだろうか。観賞用のウーパールーパーは、本当に水位を下げられたときに、まだ殻を厚くして成熟する生命力を失っていないのだろうか。

クマムシと隠れたいのち（クリプトビオシス）

ウーパールーパーと対照的だけれども、やはり非常に珍しい生物がいる。顕微鏡で見ると、小さな足でよちよち歩く姿が熊に似ているというのでクマムシと名づけられた緩歩動物のムシだ。このクマムシは、「最強の生物」という伝説の持ち主だ。乾いて樽のようになると人間の致死量の千倍の放射線を浴びても、電子レンジにかけられても死なないし、高温にも超低温の極限状況にも耐えて、水を与えられれば蘇生して動き回るというのだ。

一度死んでも復活するというところがキリストの復活を根幹にするキリスト者の琴線に触れるせいかクマムシの研究者には聖職者も少なくない。二十世紀に日本で雲仙のオンセンクマムシを発見したのも長崎県のベネディクト会ラーム司祭だった。

樽状態になって乾燥しているクマムシには代謝が見られない。組織の中に自由な水分がないと、それを媒体にした化学反応である代謝は起こらないのだ。水がなく代謝のないクマムシは、やはり「死」の状態にあるのだろうか。

ラーム司祭は、一見「死」にしか見えない乾燥状態でのクマムシの「乾眠」には、単に「無水」を耐え忍ぶだけのためではなくて、別の積極的な意味があるのではないか、むしろ、ときどき乾燥したほうがいいのではないのか、という興味深い仮説を立てた。つまり、一度体内のいのちの水分を排除することは、ある意味で、環境のリセットになるのではないかという話だ。

宗教の世界にも、深い瞑想や忘我状態への突入もあるし、修道院で一人になって黙想したり、断食したり禁欲苦行をしたりなどと、一見「生命活動」から背を向けたような形をとった浄化や覚醒や回心やリフレッシュのさまざまな方法がある。

乾燥するわけでもない昆虫でも、アオムシからサナギになってその中で変態を遂げて華麗な蝶となって飛び立つものがある。すべての葉を落として枯れ木のようになった樹の枝に、春が来ると一斉に新芽が吹いたり花が咲いたりするのも、四季のある国ではなじみの光景だ。

だとしたら、いのちが生まれて育まれ、成長して再生産するのも、本当は、右肩上がりの一直線の発展というイメージなどとはかけ離れた神秘の過程だというほうがいいだろう。

恵みとしての「適応」

それなのに、人間の世界だけでは、小さいものが大きくなり、弱いものが強くなり、貧しいものが富むことが、皆に課せられた自明の道程のように刷り込まれている。その道を外れた者は落ちこぼれと呼ばれたり、負け犬と言われたり、厄介者だとされたりする。親や社会の庇護のもとでウーパールーパーのようにいつまでも「幼形」で過ごす人は引きこもりだと言われ、樽になったクマムシのように生気を発散せずに沈み込み、気配を消す人は鬱病と言われ、「空気を読めない」子どもたちは発達障碍だと言われ、欲望を充足できない人は不幸だと言われる。強くて大きい者が弱くて小さな者を支配し、費用対効果のすぐれた活動だけが勝ちのび、長いものに巻かれる者だけが生き残る。

パウロは、賜物とは一つの形ではなく、人それぞれに配分された恵みによって異なっていると述べた（ローマ12参照）。言い換えると、人生のある時点で一人ひとりが生きるための賜物とは、いのちが出会う試練に対するそれぞれ異なった「適応」なのかもしれない。

いのちの水の中で快適に泳ぐ者もいれば、水を取り込み陸に上がって別の生き方をする者もいるし、水を失っても樽型でひっそりと「待つ」者もいる。けれども、それら、一見ばらばらないのちの「適応」の仕方は、各部分が互いに配慮し合うように組みたてられているはずだ（一コリント12参照）。ということは、私たちは互いに、「その時」が来れば、ウーパールーパーの水位を下げてやって成熟を助けたり、「樽」状態で眠るクマムシに少しずつ水分を足してやって蘇生させたりするようにと、促されているのだ。

「適応障碍」とは、ある一人の問題ではない。恵みの形に気づかずに互いに配慮し合うことを忘れた社会での「いのちの水」のよどみなのだ。ときどき樽になっても恐れてはいけない。

水位が上がったときは周りの樽に少しでも水滴を落としてみることを、忘れなければ、それでいい。

その2

求め、受け入れ、差しのべる

カトリックをサプリにするわけ

人生の「苦」にどう対処するか

王族に生まれたお釈迦さまが出家の決心をしたのは、城の外で生老病死の四苦を目撃して、それをどう解決するか考えるためだったといわれる。生まれる苦しみ、生きる苦しみ、痛みや障害を抱える苦しみ、老いの苦しみ、死ぬことの恐怖や死なれることの悲しみ……。確かにこれらは、人間ならだれにでも共通した実存的な苦しみだろう。だから、人々は、これらの苦しみにいかに対処するかに知恵を注いできた。

最も原始的な折り合いのつけ方は、それらの苦しみを取り除くための何かを外から取り入れることだ。神仏に供物をささげて加護を祈る、前世の報いや先祖の祟りなどの説を受け入れて、呪術師や霊能者などの「プロ」に助けてもらう。あるいは、外科手術をしてもらう、特効薬を処方してもらう、という科学的な対処法の選択もそれに含まれるかもしれない。といっても、どういう時代のどういう社会に生まれたかによって、成功のチャンスは大きく変わってくる。助けてくれる存在に対する依存度が高くなるから、ときには間違えても後戻りできない。さらに、たとえこれらの「療法」が効いて一時的な蘇生や病気の治癒や体力回復が得られたところで、老いや死といった実存的苦しみが消え去るわけではない。

それよりも、根源的なアプローチがある。お釈迦さまが説いた悟りの境地に到達することで、老若不常はこの仮の世の姿であり、その諸相に執着して心を悩ますことなく平穏に生きようという人生観の転換だ。

古代ギリシャではエピクロスがこのように考えた。人は生きている間は死なないし、死ねばもう存在しないのだから怖がるものはない。人生において多くを要求せず、欲求不満や嫉妬や羨望を避けてアタラクシアという魂の平穏の境地を目指す。

ストア派の哲学者は、人生で起こる負の感情を理性で克服して、魂が肉体の牢獄に閉じ込められている状況を超えるべきだと考えた。修道者の原型となった初期キリスト教の砂漠の隠遁修道士たちも、誘惑を排し、断食などの苦行を自分に課して原罪以前の状態に近づこうとした。

今の時代だと、医者や薬で苦痛を取り去ろうとするよりも、日ごろから節制して体を鍛え、食事の仕方によって体質を変える、自己免疫力を高めて抵抗力をつけるなど、各種健康法の実践に邁進することに似ているだろう。この方法の難点は、自己満足や自己中心に陥りやすいことで、ややもすると社会の多数派や他の弱者との接点を失ってしまうところだ。

サプリメントを求める

これら二つとはまた別に、その中間的なアプローチもある。月刊誌「カトリック生活」での連載のタイトルを〝カトリック・サプリ〟に決めたときに、私の頭にあったものは漠然とこのアプローチだった。

もとより人の助けになる特効薬も持っていないし、癒しの術もないし、だからといって、人の参考になるような、禁欲的な努力を積み重ねたという成功体験もない。それどころか、自分が苦しいときには、神仏の加護も医薬の効能もいまひとつ信じる余裕がなく、ひたすら嘆くばかり。禁欲的な修行や理性主義や平穏の境地などを、積極的に目指す意欲も起こらない。

とはいえ、頼りない自分の「自然」に任せて状況を放置するほどの度胸もない。せいぜい、あちこちで目にしたり耳にしたりする、力づけられる話だの考えさせられる情報だのを収集しては、サプリメントのように少しずつ吸収したり、生活習慣を多少いい方向に修正したりしながら、実存的な恐怖だの当面の痛みなどからとりあえず気を紛らわせる。そうするうちに「私の生老病死」という「苦」から距離をおいて「私たち」へとシフトして、新しいサプリメントにつながる言葉を紡げるようになるかもしれない。

幸いカトリック世界はそんなサプリの宝庫でもあるし、私の住んでいる国ではずっと流れているカトリックの通奏低音を聞き取りやすい。

カトリックには聖人伝がたくさんあり、巡礼地も豊富だし、記録に残された歴史も長い。聖人や聖地や聖遺物の崇敬にはありとあらゆるタイプがあるから、自分の体質や身の丈に合った信仰補助グッズに出会う確率が高い。それに、カトリックをルーツに形成されたヨーロッパが、宗教改革だの近代革命だのによって散々そのカトリックを批判してきた内容が公開されているから、その豊富なサプリの変遷や効用、副作用についての情報を納得しながら使いまわせる。

「苦からの解放」の形

ナザレのイエスがとらわれて鞭打たれ、血まみれになって十字架の上で苦しみながら息絶えたことは、彼を師として尊敬していた弟子たちや、愛し信頼していた人々にとって最大の不条理、深刻な危機であり、恐怖と疑いの試練だった。この途方もない「苦」、実存的な衝撃を前にして、人々はさまざまな対処法をとった。

その「苦しみ」に取り込まれないように、イエスを侮辱したり見捨てたりして抹殺する側に回った人々がいた。また、その「苦しみ」が自分に降りかからないようにと、イエスのことなど知らないと否認したり、逃げたり隠れたりした人々もいた。ひたすら嘆き悲しみわが胸を打つ人々もいた。

実際に、体も心も痛めつけられた最悪の状況にあった当のイエスは、どうしたか。母や弟子のことを心配し、自分を苦しめている人々のゆるしを父なる神に願い、自分の霊を父の手に委ねると言って、「未来」を託した。自分の「当面の苦」の回避や解消を求めたのではない。

このとき、もう一人、最悪の状況で先のことに思いを馳せた人がいた。イエスのそばで同じように十字架の上で断末魔の苦痛の中にいた犯罪人だ。その男は、無力なイエスを罵ることもなく、メシアなら私を救ってくれと泣きつくこともなかった。彼は、なんと、究極の苦のどん底にいるイエスに「あなたの、御国においでになるときには、私を思い出してください」と頼んだのだ。

イエスは、「あなたは今日わたしと一緒に楽園にいる」と保証した。残酷な窒息刑で痙攣し、苦しむ二人の男が「未来」を語ったのだ。「苦からの解放」とは、どのような絶望的な状況にあっても「未来における望み」を意欲することなのだろう。

愛する幼子を残して死に行く若い母は、死を超えてもこの子を守り続けると決意する。魂が聖母の手に抱かれ天国では神に会えると期待して亡くなる人もいる。「苦」の真の解決とは、その回避でも抑圧でも解消でもない。どんなささやかなものでも未来へと投げかける希望であり意欲なのだ。

恐怖やパニックによる絶望が私たちを苦に閉じ込め、希望が苦から解放してくれる。欲望が苦を生むとして執着を捨てよと説く教えがある。十字架のイエスの苦しみを見た多くの人が保身のためにイエスへの期待を捨てた。同じ人々が「復活のキリスト」

を見たときに、期待をもち続けること、神の国を熱望し続けることを学び、確信した。

信仰の大切なサプリメントの成分は、繰り返される十字架と復活のテーマから豊かな変奏で次々と繰り出される希望の証言にほかならない。

日常の中の祈り

祈りと読経

「祈り」についていくつかの記事を書くようになって以来、祈りという字面《じづら》に敏感になった。それまでは平気で「本年も益々ご健勝をお祈り申し上げます」とか、「皆さまのご健康とご多幸をお祈りします」とか「ご冥福をお祈りいたします」などという言葉をカードや葉書に連ねていたのだが、近ごろは、そういうことを書いたらすぐにその場で、「〇〇さんがお元気でいられますように」などと射祷のように必ず唱えることにしている。

それで一件落着、少なくとも儀礼だけではなく本当に祈った、と荷下ろしをするだけでは意味がないのはよくわかっている。けれども、それ以来、逆に、他の人から「お祈りしています」という挨拶をいただいたときに、ありがたくて胸が締めつけられるような気がするのだから不思議だ。

そんな話をフランス人の友人にしていたら、自称「無神論者」のその人から「信じられない」と言われた。その人にとっては祈りとは即「主の祈り」で「カトリック教会の中で声を合わせて強制的に唱えさせられる蒙昧《もうまい》の象徴」であるらしい。私は、日本人は特定宗教と関係なく「お祈りします」と気軽に挨拶するので、自分はそれに実質を与えることにしたのだと説明したが、ひどい偽善のような顔をされた。

確かに、フランス人は、権力と結びついたカトリック教会のモラルに長い間縛られて、それと戦ってきた歴史があるから、「祈る」というと「神の存在を信じているのか」というような過激な話になりがちで、神の存在論がイデオロギーの対立の一部をなしている。日本で育った普通の人にはなかなか想像がつかない。

でも、たとえてみれば、フランスで「お祈りします」と言ったら、日本語で「お経を唱えます」と言うような、いわゆる宗教臭いニュアンスがついて回るのだろう。だから、フランスで、宗教イデオロギーから完全に自由になって誰にでも届く言葉で「祈り」について語るのは意外に難しい。それを試みたのが『祈りの七つの秘密』という本を書いたジャン・マルク・バスティエールという人だ。

神なしで祈る

では、イデオロギー論争の種になる「神」という枠を取り払ったとき、どういうふうに祈ればいいのだろう。ジャン・マルク・バスティエールは、心の中にあるものを、喜び、嘆き、疑い、恐れ、怒り、欲望、倦怠、何でもすべて吐き出せばいい、と言う。「祈り」とはそのような心の中の混沌を、ふるいにかけてくれる役割を果たすからだ。言い換えれば、たった一人でたった一人の「相手」に向かい合ってすべてを出してしまえば、祈りを介して、それが別の形に変換されて帰ってくる。精神分析に通わなくても、瞑想や座禅の訓練をしなくても、世界は変わる。自分の最悪のもの、無力さや欠点をあらいざらい投げ出して、祈って、後はじっと待っているだけでいい。叫びであってもいい。大切なのは、たった一人でたった一人の相手に向かって心のうちをあらいざらいぶちまけるというところだ。

そもそも「祈り」を実践するに当たって目上のもののアドバイスとか儀式とか共同体の典礼とか伝統に従うなどは、いわば補助用具のようなもので、祈りには、外から制御したり管理したりできない、何か予測のつかない本質がある。その本質に触れるには、心が完全に自由でなくてはならない。

私たちは「一人ひとりがかけがえのない存在だ」と日ごろ聞かされてはいるけれど、実際にそんなふうに生活することはなく、いつも自分が置かれた場所のシステムに合致するように暮らしている。「かけがえのない自分」など実感もできないし実現もできない。家族や共同体の仲間同士の友愛ですら、その多くは共依存だったり、自己愛の押しつけだったり、愛の強要や、ギヴ・アンド・テイクの体系だったりする。

そんな現実の中で、本当に「かけがえのない自分」を見つけるためには、たった一人のかけがえない相手にたった一人で向かい合う必要がある。

その相手を特定の「神」という名で呼ぶ必然性はない。

手をつないで生きる

私たちは一日や一週間のスケジュールを管理したりしたいと思う。祈りも決まった時間に決まった祈りをささげたいと思う。状況にあった適切な祈りをささげたいと願う。心と体を整えるために有効なさまざまな祈りも学びたいと意欲する。祈りの中で愛する人や仲間たちや救いを求めている人たちと連帯したいと望む。けれども、真に霊的なものとは、私たちが管理や計画や思惑で制することのできない、まったく自由なものだ。

私たちがマニュアルに書きとめるような「神」は、私たちの都合のいいように刈り整えられた「神」もどきでしかない。中世の偉大な神秘家のマイスター・エックハルトは、「神から離脱できるようにと神に祈る」と述べた。人間が神だと考えているものは自分のサイズに合わせてつくったものでしかないというのだ。

祈りは「有用」なのではなく「必要」なのだ。生きている上で何かに駆られて祈りを口にすることもあるし、反対に祈ることで生きる力をもらえることもある。祈りは病の治癒のような解決ではなくて、深呼吸のように、生きることに直結している。

祈りは、外界から遮断された沈潜ではなく、外界に開かれて他者と同じ空気を呼吸してつながる開放系の躍動だ。最も深い霊性からも「日常」が育まれる。フランシスコ・サレジオは、「小さい子どもたちのようにしなさい、片方の手で父親の手をしっかり握って、もう一方の手で垣根沿いのイチゴやクワの実を摘んでいく子どものように。片手でこの世のものを寄せ集めたり扱ったりしながらもう一方の手でしっかりと天の父の手を握り、ときどき父のほうを振り返って、自分のしていることがこれでいいのかなと確かめるのです」と言った。「祈り」はお父さんのほうに振り向くのに似ている。でも、振り向いただけでお父さんと心が通い合うのは、ずっと手をつないでもらっているからこそだ。
霊的な生活はすべてが均一になっていくエントロピーの法則に逆らう。私たちはいつもかけがえのない一人であり、たった一人の父親の手を握りながら、次々と現れる新しい道を歩いていく。

若者も倦み、疲れ、勇士もつまずき倒れようが
主に望みをおく人は新たな力を得
鷲のように翼を張って上る。
走っても弱ることなく、歩いても疲れない。

（イザヤ40・30〜31）

前章で紹介したパスカル・イード神父は、バチカンでカトリック教育の責任者に任

命された。医学、心理学などの博士号をもつ碩学の人だが、「一日十五分」が、主と心と心を通わせるための必要最短時間だと言っている。「一日十五分」。究極の健康法みたいだ。

見えない手をしっかり握って、絶対転ばないと信じて歩き、一日十五分はお父さんのほうを見て思いの丈を聞いてもらう。いつまでも、どこまでも、ずっと歩いていけるかもしれない。

人生とアイデンティティー

天使と悪魔の関係

マンガの中などで、ある人の心の中で小さな天使の良心と悪魔の格好をした悪心がせめぎ合っているシーンがある。どちらかがどちらかに勝利するのだが、別の問題が起きるとまたその二人が対決する。これは、善悪二元論というようなものではない。「小さな悪魔」は、外から来てその人に憑いたから悪魔祓いで追い払えるような存在ではなく、天使と悪魔は同じ人の心の中で補完的な関係にあって、常にディベートして行動戦略を練っているのだ。

キリスト教は、全知全能の神に創られたはずのこの世界に悪魔の業としか思えないいろいろな「不都合なこと」が蔓延している事実を説明するのに、いつも善悪二元論に対抗しなければならなかった。初期キリスト教世界に広がっていたグノーシス主義のように、無限の超越者である善の神のほかに、悪がはびこり罪深い有限の肉体に閉じ込められるこの物質世界を創った創造神（デミウルゴス）がいるという考え方は多くの人を納得させた。けれども、キリスト教は、悪から逃れられないこの世を離れるところにしか救いがないというそのような考え方を排して、人の心の中に「善の選択」の可能性を残すことに成功した。

自然学者でエコロジストのテオドル・モノーは『絶対の探求者』の中で、私たちは白と黒であってグレーではない、「平均」ではなく「加算」であると言った。今風に言うと、白と黒すら、明確に分けられるものではなく、真っ白から真っ黒まで漸次に移行する連続体（スペクトラム）だ。心の中の天使と悪魔も、どちらかが勝ったり退散したりする関係にはないわけだ。

あるユダヤ人の証言

といっても、一人の人間の中には、善悪の観念だけではなく、社会的ないろいろな肩書きや立場がついて回るし、ときには両立することが難しかったり矛盾したりするようなものもある。家庭を優先するか仕事を優先するかというものから、自分のいのちよりも信念を優先するべきかどうかなどという深刻なものもあるだろう。

アメリカの歴代大統領は伝統的に就任式の前にフリーメイソンの儀式を行っていたが、最初のカトリック大統領だったケネディは、この儀式を拒否した。カトリックでは公式にはフリーメイソンが破門されることになっていたからだ。このケネディ大統領は、選挙運動中も、対立する陣営から「バチカンとアメリカの国益が対立するときはどちらを優先するのか」などという質問をされていた。

個々の人間の実際の生き方がどうであれ、外国人だから、女性だから、障碍者だから、高齢だから、若輩だから、ある宗教を信じているからなどのレッテルによって、さまざまな差別を受けたり疑いの目で見られたりするシーンは誰でも経験する。けれども人は、さまざまな属性の集合体として生きているのではなく、それらが混ざったグレーゾーンで生きているのでもない。それぞれ違った局面で浮上してくるいろいろな属性やアイデンティティーは、その人の中では対立するものではなく補完的で相互に適応し合ったり共振したりして、生き方のダイナミズムを形成する。

フリーメイソンであるユダヤ系フランス人は、信仰と活動の折り合いをこう語る。

ユダヤの神学の中では、神のみ旨と人間の自由意思も黒か白かの関係ではなく、両立する。神は人が「完成」に向かって自由意思をもって進むことに賭けた。人は、週に六日間は神に託された創造を続け、七日目には神をたたえるために「被造物」に戻る。神は「ありてある者（私はあるという者）」だが、人は、いつかそのような「ある」に「なる」ためにこの世で生きるようにいざなわれている。

フリーメイソンの考え方でも、人は自分自身をつくるものであり、人生とは何かをする」旅ではなく「何かになる」旅だという。「汝自身を知れ」から出発して、「自分があるところのものになる」を経て、「自分を何のために役立てるのかを見いだす」行路である。その内面の旅に霊的な石を削る（メイソンは石工の意味）シンボルを伴うのがメイソンの特徴だ。全体主義や教条主義と闘う二つのグループに帰属していることは対立ではない。どんな共同体であれ、排他的、独善的な帰属の仕方をしてはならない。グループ内の友愛はすべての人間に開かれていくべきで、その方向性があるかぎり、複数のアイデンティティーは葛藤を生まない。

トーラーにも「義をなす異教徒はエルサレムの大祭司に匹敵する」とあり、横に広がる「隣人」に向ける義の行為を通じて人は初めて「上」にも向かえるという。人間が区別する階級や国籍や性別や共同体限定の友愛だの同胞愛だのを超えた普遍的な同胞愛とは、すべての他者が善人だとか完全だと信じることではない。すべての他者は、自分と同じように「なる」ことのできる存在だと信じてそれを伝えること、「なる」ための、その流れを、すべての人と分かち合えるのだと信じる心を養うことである。

「この人生」を超えて

実人生で私たちに貼られているレッテルは、自分で選べない家族での立場や生まれた国や時代や性別や性向や社会的呼称はもちろん、自分で選んだ職業や宗教の帰属であっても、時とともにニュアンスが変化し得る構成要素でしかない。それらをすり合わせたり統合したりしながら、「なる」に向かう流れをどうすれば感知できるのだろう。

自分が選んだわけではないアイデンティティーはときとして差別的に働くが、逆に、何かうまくいかないときやするべきことをしたくないときにそれを言い訳にして逃げることもある。「女だもの」、「子どもがいるもの」、「もう年だもの」、「日本人だもの」から、果ては「人間だもの」で、ごまかすこともある。

ユダヤ教の神は人間が自由意思によって完成に向かうことに賭けた。人間を信頼して賭けたわけだ。信頼とは愛でもある。その信頼と愛の帰結であるかのように、キリスト教ではさらに、神が人となって救い主を送ってくれた。こうなると、もう言い訳はできない。

神が、神のようなあり方に「なる」ことを信じて人を造った。それでも迷い、誤り、逃げ続ける人々に、どこへいくべきか、どうすれば「なる」ことができるのかを示すために、人として生きた救い主を送り、聖霊を送ってくれたのだ。こんな宗教への帰属をアイデンティティーの一つに抱えている人は、もう、「人間だもの」という言葉をごまかしや諦めに転用することだけは、できない。

人生とは、小さな幸不幸や成功や失敗や困難やアクシデントが偶然に集積したものではない。それらを運ぶ聖霊の大きな流れだ。

この人生が始まる前にも終わった後でも続くその流れを感じるときに生まれてくるアイデンティティーがいったいどんなものになるのか、見てみたい。

貧乏について

フィリピン人の家政婦さん

もう五年以上前になるが、うちにフィリピン人の家政婦さんが通っていたことがある。アメリカに行けると誘ったエージェントにだまされてフランスに来て、フランス語もできなくて困っていた人を知り合いから紹介してもらったのだ。

元気そうで、「この家をぴかぴかにします！」と宣言したので頼もしく思っていたのだが、だんだんと雲行きがあやしくなった。故郷のミンダナオではムスリムのテロがひどく仕事がない、失業中と学生の四人の息子がいて、夫は逃げ、父親は難病なのに薬を買う金がない、国への仕送りもぎりぎりなのでフランスでも部屋代を滞らせて追い出されそうになっている。日曜日のミサはもちろん、暇があれば教会に行って神に祈っているのだと言う。そのうち健康の問題まで出てきた。

私は、うちにあまっているものは何でもあげたので、冷蔵庫も棚もすっきりしたし、買い物をしたり外食したりするたびに後ろめたい気がするようになって、無駄遣いしなくなった。延々と困窮を訴えられるので給金の前払いもした。週に二回、彼女がうちのベルを鳴らすたびに、世界の南北問題の「南」に侵入されている気がするようになった。彼女に次々と襲いかかる困難の前で何もできない無力感に負けてこちらがウツになりそうだった。

ある日、思いあまって、貧者救済で有名なパリの修道会を訪ねて、フィリピン人のシスターに助けてもらえないかと相談しに行った。シスターは、「その人はあなたのやさしさにつけこんでいるのよ、要求に応じたらどんどんエスカレートする」と言う。「でも、彼女は信心深くて、毎日神さまにお祈りしているんですよ」と私が言うと、「そういう人はね、お金が入ると信仰をなくしてしまうものですよ」と言われた。私は自分の甘さを反省して罪悪感は少し減ったものの、シスターの冷静な言葉に少し失望もした。

目の前にいる人に手を差し伸べるかどうか

私が学生だったころは学生運動も盛んで、多くの学生が弱肉強食の社会の仕組みを考え直して正常化するべきだと言っていた。たいていは理論ばかりが先行するのが特徴で、たとえて言えば、もし目の前で子どもが自動車に轢かれたとしてもその子のところに駆けつけるよりも、たちどまって交通事情の改善や安全政策について高邁な考えを演説するという感じがあった。個々の苦難に寄り添うよりももっと抜本的対策に向かって「戦う」のが立派だということだ。

マザー・テレサがインドのカースト制や貧困のもとに迫らずに路上の人ばかり助けても何の解決にもならない、という声もあった。そういう頭でっかちの言葉に抵抗のあった私は、難しいことを考えて天下国家を論じるよりも、目の前で困っている人にすぐに役に立てる人になりたいと思っていた。そのせいで、フィリピンの政治状況がどうこういうよりも、暮らしに困っていない自分とは正反対の家政婦さんの窮状を見て、すぐに反応したのだ。

ある日、泣かんばかりの彼女の訴えに負けて、それがないとすぐに追い出されるという部屋代を立て替えた。すると彼女の顔がぱっと輝いて「やっぱり神さまは私の願いを聞いてくれた。マダムを私に送ってくれて、マダムにこのお金を出させてくれた、マダムは天使だ」と喜ぶではないか。では、彼女が毎日熱心に神に祈っていた祈りの内容とは、この私が金を出しますようにということだったのか。私は自分の馬鹿さ加減に腹が立った。

家政婦さんはやがて別の場所にもっと馬鹿な天使を見つけたらしく、連絡なしに私の前から姿を消した。貧困が視野から消えたので「手切れ金」を渡したように気は楽になったが、漠然とした罪悪感は残った。

憐れむことと罰すること

考えてみれば私の学生時代には世界が冷戦構造で、資本主義下の貧困対策には社会主義政策という代替思想があった。「理論優先」はイデオロギー対立の代理戦争でもあったから、違和感があったのだ。でも、冷戦が終わってからは歯止めのきかない新自由主義経済一辺倒で、自助努力の名のもとに貧富の格差が広がっていた。社会学者のブルデューが、「貧困はエイズと並んで、最も親から受け継ぎやすい」というように、自力で脱出することが困難な状況になっていたのだ。

そのようなハイパー資本主義での勝利者である富裕者が、貧しい人のために大金を寄付することがある。各種の慈善団体も熱心に活動する。けれども、そこには、一昔前のように「すべての人は尊厳をもって生きる権利があるのだから、貧困は社会の不公正でありそれを正さなければならない」という正義の感覚は、もはやない。

正義の感覚があるときには、貧困救済は政治の問題となる。労働や資本や給与の正しい分配を可能にするような社会をオーガナイズするほうへと向かうのだ。一方、同情や人類愛の感覚だけでは貧困は政治から取り残されて、ばらばらの個人の憐れむべき不幸になる。

問題は、そのような憐れみの感覚が政治にも投影されることだ。なぜなら、「憐れみの心」と「見下しの視線」とは近いところにあり、「憐れみをかけてやる」アプローチは「無為徒食の輩を罰する」アプローチを容易にするからである。

公的保護を受けている怠け者をもっと働かせるべきだ、とか、まじめに働いている人々の税金を食って生きているやつらはいい身分だ、などの、倒錯した不当感や妬みは、「罰すること」への誘惑とつながる。先進国では今や貧富の差による差別のほうが人種差別より大きいとも言われる。それは、現代の貧困が豊かな社会の生む「産業廃棄物」の一種だからだ。

地球規模でも、貧しい国々は豊かな国々の繁栄の廃棄物のようなものだ。原子力発電が核廃棄物を大量に出して目に見えない放射能が地球を汚染し、蝕むように、貧困を差別して隔離して放置することも、やがてはすべての人を滅ぼす。給付金を与えて原発を遠くに設置することが核廃棄物の解決ではないように、思いつきの寄付や慈善も貧困の解決にはならない。

すべての人、すべての地域にとっての善に対する「公正」な感覚に基づいた社会的な決意と連帯が必要だ。そういう地平で初めて、「最も小さい者」の世話をすることと福音宣教とが結びつくのだろう。

ハンディとともに生きる

キリスト教の求める生き方は、いつでもどこでも相対的な弱者に寄り添い助けることだ。この世にはいろいろなハンディを負って生きる人がいる。恵まれた人でもいつかは病気や老いによって弱くなる。何がキリスト教的な生き方なのかを理解させてくれるエピソードを三つ紹介しよう。最初は身体的なハンディとともに生きるということを考えさせてくれる話だ。

身体的なハンディのあるとき

フランスの地方都市のペットショップの前で「子犬売ります」の看板をじっと見つ

めている少年がいた。「子犬っていくらですか？」と尋ねた少年に店員が「三十ユーロから五十ユーロの間だね」と答えた。

少年はポケットを探って小銭を真剣に数えた。「二ユーロ三十七セントあります。子犬を見せてくれる？」

店員がにっこり笑って口笛を吹くと、犬舎から母犬が出てきて店の廊下を勢いよく走ってきた。その後からふわふわの五匹の子犬が転がるように走って続く。一匹だけ遅れていた。よたよたと歩くその子犬を見てすぐに少年が指さして「この子はどうしたの？」と聞いた。

「獣医が検査して生まれつき腰に異常があるとわかったんだ、一生足を引きずるだろうって」という答えを聞いて、少年は興奮した様子で「ぼくの買いたいのはこの子だ」と断言した。店員は、「いやいやこいつは売れないよ。でもどうしてもほしいんなら連れて行ってもいいよ」と答えた。

「ただではほしくないんです。他の子と同じ価値があるんだから同じ値段を払います。今は二ユーロ三十七セントしかないけれど毎月五〇セントずつ払ってほんとにぼくの子にします」

「売り物にならないんだよ、他の犬みたいに君といっしょに走ったりとび跳ねたり遊んだりはできないんだよ」

そう言われたとき、少年は身をかがめてズボンのすそをゆっくりとたくしあげた。少年の左足は歪んでいて、矯正器具でしめつけられていた。

少年は店員を見て静かに言った。

「ぼくもちゃんと走れないんです。この犬は自分のことをわかってくれる飼い主を必要としてると思います」

被差別というハンディのあるとき

どんなに健康でも、外国人だったり肌の色が違ったりという「見た目」だけで言われなき差別を受ける人々が世界中に存在する。ヨハネスブルクからロンドンに向かうブリティッシュ・エアウェイの機内で起こった実話を紹介しよう。

エコノミークラスの座席で黒人の隣に座った五十歳くらいの白人女性がすぐに乗務員を呼びつけた。

「なにか?」

「見ればわかるでしょ。黒人の隣に座らされているんですよ。不快で耐えられないわ。席を替えてください」と、夫人は顔をしかめて訴えた。

「落ちついてください。本日はほとんど満席になっています。調べてまいります」

やがて乗務員が戻ってきて、こう言った。

「やはりエコノミーは満席でした。機長に確認しましたらエグゼクティブクラスも満席でファーストクラスに一席だけ空きがあるようです」

夫人が何か言う前に乗務員はたたみかけた。

「私どものカンパニーではエコノミーのお客さまをファーストクラスにご案内する

ことはありません。ですが、今回は、これほど不快な人の横に無理に座っていただくことは考えられないと機長が判断いたしました」

そして夫人の隣の席に座っている黒人客に向かって丁寧に会釈して、こう続けた。

「というわけで、お客さま、よろしければ手荷物を持ってどうぞファーストクラスにお移りください。お席をご用意させていただきました」

ことの次第を見ていた周りの乗客たちが、立ち上がって拍手した。

社会的なハンディのあるとき

人は生まれた国や時代によって貧困と闘わなければならないことがある。

ブラジルのリオで生まれた八歳のルイス・アントニオ少年の家庭は貧しかった。それでも就寝の「儀式」は規則正しく続いていた。父親がまずパジャマに着替え、三人の息子たちもパジャマ姿で集まる。父と一緒に祈りをささげた息子たちはベッドに入り、父は子どもたちが寝入るまでそばで見守るのだった。

実は、父親は、息子たちが寝入ってからもう一度着替えて仕事に出かけていた。昼間は機械工として働いていたが夜もレストランで配膳係として働いていたからだ。貧しくとも子どもたちの教育費を捻出するためだった。

ある夜、目が覚めたルイス少年は父親がいないことに気づいて、どこに行ったのかと母親に聞いた。母親が言葉を濁したので少年は父親のソファに座って待つことに決めたが、眠りこんでしまった。起こしてくれたのは父親だった。翌朝、夜も働いていることを父から説明された。

その日以来、少年は父親からのプレゼントをいっさい受け取らなくなった。「君に一番喜んでもらえるのは何かね」と父親に聞かれたときに少年は、「パパがもっと眠ること！」と答えたことを今も覚えている。

少年は、長じてペレイラ・ロペス神父となり、もう四半世紀以上もリオのスラム街（ファヴェラ）で司牧活動を続けている。二〇一三年七月の世界青年の日大会、初の南米出身である教皇フランシスコがリオに来て、若者たちが待つ美しい海岸コパカバーナに向かうより先に訪れたファヴェラで教皇を迎えたのがペレイラ・ロペス神父だった。彼は「ファヴェラのパパ」と呼ばれている。

人生で抱えこむさまざまなハンディは、耐えたり克服したりできるものばかりではないけれど、キリスト者としてどちらを向いて進んでいくべきか迷ったときは、この三つの話を思い出してみよう。

その3

信念と選択によって、すべてが変わるかもしれない

リタイアの仕方

引き際の生き方

私たちは人生において、それまで当たり前にやっていたことをやめてしまうよう余儀なくされることがある。事故や病気によって心身の機能が不十分になったとき、育児や介護などで時間の余裕がなくなったとき、社会的、経済的状況の変化で収入や住居を失ったときなどだ。仕事上の失敗の責任をとるという理由や、単に一定の年齢に達したからという理由で退職せざるを得ないこともあるし、究極的には、老いや病の果てに人生そのものからリタイアすることを迫られる。

また、リタイアすべき状況に迫られなくとも、それまでやっていたことに意義を感じられなくなった、続けていくための将来の展望がなくなった、他にやりたいことができた、などの理由で、自らリタイアを決断することもある。

そうしてリタイアしていく人を見るとき、周りの人や、残された人は、いろいろな感慨を抱く。自分の場合ならどうふるまうだろうか、どのような選択をするだろうかと自問したり、去って行った人から見捨てられたような気がしたり、勇気をたたえたり、気の毒に思ったり、羨ましく思ったりといろいろだろう。特に、リタイアに「選択の余地」があったときに下された決断の場合は、決断した人にも、その決断によって影響を受けた人にも、果たしてそれが正しかったのだろうか、という迷いがいろいろな形で生じてその後の生き方に影を落とすことがあるかもしれない。

教皇の選択

普通の人の進退でもそうなのだから、終身制が慣習となっている公的な地位にある人が病気治療などの長い休職期間を経ずに突然その座をあけわたすことがあれば、人々のリアクションは、そのまま、それぞれの人生観を映す鏡となる。

二〇一三年、全世界十二億のカトリック信者の聖父というポジションにあるローマ教皇ベネディクト十六世の突然の辞任宣言は、教皇が以前に表明していた意向にかなったものであったにかかわらず、カトリック世界には「晴天の霹靂」の衝撃を与えた。高齢で疲れが見えていたとはいえ、前任のヨハネ・パウロ二世の最晩年とは違ってまだ「現役」続行中であったからだ。

この衝撃を前にして、教皇の選択をリスペクトし英断を称える人もいれば、悲しみにくれる人もいた。ヨハネ・パウロ二世の最晩年の姿にも「十字架の道」の受難を重ねて勇気をもらった人もいれば、その痛々しさに苦しんだ人もいた。教皇というシンボリックな地位であるからこそ、生身の人間としてはどんな姿でも最後まで任務を全うしてその生き方をありのままに見てもらうというのも一つの選択であったし、責務を果たすに十分な心身のエネルギーが足りなくなったと感じて後進に道を譲るのも一つの選択だ。ローマ教会の「顔」として、果たしてどちらの道が「より不都合ではない」のだろうか。

イエス・キリストは神であるとともに人であり、苦しんで死んだ。教皇ももちろん一人の人間だ。同時に、どの教皇もそれぞれ固有の人間性としてのペルソナをもっている。すべての人が人として同じ尊厳をもっていてもそのあり方は人の数だけ多様であるように、その人自身の「究極の選択」もまた多様であるのは当然だ。

組織宗教というものは、時として、信者に一様の生き方を押しつけて全体主義に陥ることがある。ベネディクト十六世は、キリスト教神学者たちが信仰による宗教的法の絶対性を否定することによって哲学と並んだこと、自然や理性も相関的にすべての人に有効な法的源泉となるのだと認めたことが人類の発展にとって決定的である、と言った。リタイアを選択したのもそのような普遍的視点に立ってのものなのだろう。

真理とは抽象的な概念ではなくて、個々の人の現実の中で生きられるものだ。かといって、リタイアという選択を含む「ある限界を前にした生き方」のすべてが真理に適《かな》っているわけではない。

真理はあなたたちを自由にする（ヨハネ8・32）

では、普通の人がリタイアという転換点を前にしたとき、どうしたら本当に自由で正しい選択ができるのだろう。今までしていた活動をやめることは、その活動の中で営んできた人間関係を解消することでもある。当然、その関係の解消によって相手に迷惑をかけるのではないかという心配がある。

非難や批判も気になる。しかし、このときに、相手の身になって考え過ぎるのはいけない。「情に棹《さお》させば流される」とか「情にほだされる」という言葉があるように、自分の意思とかかわりなく、あるいは無理だとわかっていても、本当に相手のためにはならないとわかっていてさえも、関係を終わらせる決心がつかないことがある。家庭生活であれ、親子間の世話や介護であれ、喪に服する気持ちであれ、共依存のような関係に陥る場合もあるし、一方的な自己犠牲で満足しているだけの場合もある。関係が習慣化すると、一体誰のために続けているのかという根本的な問いは立てられない。リタイアを前にして自分と関係者たちとが直面する状況のことばかりを検討しても、自由で正しい選択に達することはできない。多様な先例があるとしても、そのどれが自分の倣うべきものなのかを決めることは難しい。

そんなとき、人生の晩年に近づく教皇たちの生き方を見ると、それぞれの選択がどんなに異なっていても、実は共通したものがあることに気づく。彼らは一人ではなかった。神の前で心の棚卸しをして謙虚に神の意向を聞いたのだ。

「もしわたしが裁くとすれば、わたしの裁きは真実である。なぜならわたしはひとりではなく、わたしをお遣わしになった父と共にいるからである」（ヨハネ8・16）とイエスが言ったように、自由で正しい決断とは、常に神とともに下されるのだろう。有限の人間同士の関係や義理人情に縛られていたときには決して見えてこない、リタイアの本当の意味は、神をとおして見えてくる。なぜなら、永遠の神のスパンで見れば、人は、たとえ一つの役割を終えたり、仕事からリタイアしたり生き方を変えたりしても、実は別の新しいやり方、あり方で、使命を全うし続けることができるからだ。それは肉体の老いや死によってすら中断されない。苦しんで生を終えた教皇が聖人となって人々の祈りを取り次ぎ続けることも、修道院に入って祈りと執筆の生活に入ることも、彼らの生き方が神と共にあるからこそ本物であり真実となるのだ。キリスト者なら誰でも、キリストと共にキリストをとおしてなら、この世でのリタイアと別の形で、他者の役にたち続けることができる。

キリストをとおした「利他」の道を選べば、私たちは現実世界のいろいろな限界から自由になって生き方を変えられるし、周りにいる人の視線まで、きっと、変えられる。

イエスと友達になれるだろうか

霊的友情

イギリスの聖ベルナルドゥスと呼ばれ、愛と友情の博士として名高い十二世紀シトー派のリーヴォー僧院長聖アエルレッドは、多くの人と友人関係を築いていた。その『霊的友情について（De spirituali amicitia）』の中で、人間同士の友情は人を神の愛に導くと言っている。十二世紀の神学者が「私が生徒だったころ……」という書き出しで、友情についてのさまざまな葛藤についても率直に誠実に語っていく新鮮さに心を動かされる。アウグスティヌスの『告白』の影響を受けた序文は、中世に書かれた自叙伝としても高い価値をもつものだ。

少年時代に友情だと思っていたのが見かけだけで、本当の友情の法則をまだ知らなかったのが、キケロの『友情について』を読んで目を開かされた。その友情の本質はキケロの生きていた異教の価値とは別の普遍的なものだと理解する。さらに、真の友情とは霊が与えてくれるアガペによって結びつけられる魂の間に成立するものだというアウグスティヌスをとおして、アエルレッドは、「人間的に高貴なすべてのものは、恩寵の世界で生き延びて、理性や感情によっては得られない光の姿を獲得する」というキリスト教ユマニストの確信に到達したのだ。アエルレッドにとって、友情は、人間の霊的完成への道となる。無礼、侮辱、傲慢、秘密の暴露、裏切りの五つを避けて霊的友情を完成させれば至福の境地がおとずれるだろう。

愛情と友情の違い

人間だけの世界における善いことや美しいことが霊的なレベルで消えてしまうわけ

ではなく、別の形でもっと豊かになる。プラトンが『饗宴』の中でソクラテスの言葉を借りて、肉体的な愛や美よりも、知的で霊的な愛や美のほうが優れていると言ったこととも共通している。では、霊的な愛と霊的な友情はどう違うのだろうか。

アリストテレスも、友情を三種に分類した。快楽のための友情、利益のための友情とは別に、同じ徳をもった二人の間に成立するものとして、友が互いに鏡となって幸福へ向かう友情が区別される。

愛情には母子のような依存関係に成り立つものもあるし、片思いのように一方通行のものもある。互いをよく知らなくても成り立つ愛もある。それに対して、友情が成り立つには、互いのコミュニケーションが必要だ。コミュニケーションとは、参加して交換することだから、友情は相手の生き方と交流するし、必ず双方向のものになる。

フランシスコ・サレジオにとって、友情とは人間の運命でもあり目的でもあった。友情とはいのちの動きであり愛の花だ。すべての人間関係が意味を与えられて活性化する。愛の花だから、家族や社会との関係であろうと、自然や超自然への愛であろうと、すべては友情へと進化すべきだ。神の愛もその意味で進化してきたと言える。父なる創造神は、人を自分の似姿として愛したが、人はそれに背を向けることもあったし、依存や利害だけで神を偶像化することもあった。それを見て、神はついに、自ら人となることによって、人間の友になろうとした。霊的な救いというのは、すべての人が再発見して受け取るべき友情として差し出される。イエスの十字架は友情への道なのだ。

依存や利害関係ではない双方向の友情でも、「救い」につながらないものもある。それは、今の時代にもよく使われるが、徳であると誤解を受けやすいもので、政治哲学者のジャン・ジャック・ルソー（一七一二～一七七八）やハンナ・アーレント（一九〇六～一九七五）が言うように、「周りの社会と切り離された二人の親密さ」を強調することだ。そこでは、「世界」は一心同体の二人の「背景」でしかない。世界は、それについて人間が語るときに初めて「人間的なもの」となる。世界を人間的に分かち合う社会的な友愛だけが、人類愛につながるのだ。

友のためにいのちを捨てる

「友」という関係を導入するために神がせっかく人となって送られたのに、人は必ずしも子なる神の「友」としてふるまわなかった。イエスとの魂のコミュニケーションが必要な友人関係の代わりに、次第に、イエスとの間にひたすら排他的で親密な関係を築く人々も登場した。

古来、神秘家と呼ばれるような人々はイエスとの関係を霊の結婚に比して熱烈で官能的な愛を告白したし、十七世紀にも、イエスとの関係を友の関係でなく愛の関係とみて、「イエスのために死ねる」ことを最大の愛の証しだとする考え方が生まれた。

確かにイエスは「友のために自分の命を捨てること、これ以上に大きな愛はない」（ヨハネ15・13）と言い、「良い羊飼いは羊のために命を捨てる」（同10・11）とも言っている。けれどもそれは「羊をねらう狼を見て羊を置き去りにして逃げない」ということであり、いのちを「捨てる」ことに目的があるのではなく、いのちの危険を冒しても狼から羊たちを守ることが目的なのは明らかだ。実際、いのちを「捨てる」と訳されているもとの動詞は、逃げたり隠れたりせずにいのちを「さらし」、危険に「向かい合う」というニュアンスのことばであるという。死んでしまっては羊を守れない。

もちろん友人同士は「羊飼いと羊」という固定した関係ではない。サレジオは、人々が困ったときに友情に基づいて互いに助け合い、互いの経験を分かち合うことは、人生の苦難を乗り越えてより大きな使徒的な成果を目指すことだと書いた。特定の友との排他的な関係とは反対に、特定の友と深い関係をもつことをとおして他のすべての人ともつながっていく道を進んでいける。イエスもまた、弟子たちと親密な関係をもったし、ラザロやマルタやマリアたちに特別な友情を示した。

イエスと親友になることができれば、私たちはきっと、すべての人と、友達になれる。

ユーモアの生む力

迫害されるキリスト教

世界の三大普遍宗教である仏教、キリスト教、イスラム教のうちで今一番ユーモアのセンスがあるのはたぶんキリスト教だろう。しかも老舗のカトリックだ。こう言うと日本では意外な感じをもたれるかもしれない。日本ではいまだにキリスト教は欧米由来の気取った舶来宗教で「キリスト教徒はまじめ」というイメージがあるからだ。

よく見ると、キリスト教は世界の紛争地域で現在最も迫害されている宗教だ。キリスト教が生まれたパレスチナ地方や初期教会が根を下ろした中近東地域が、その後イスラム教の勢力圏に入ってしまったという歴史的事情がある。そこにグローバリゼーションと世界の地域間格差の生む地政学的な確執が、偏狭な共同体主義者や過激派の誕生を促した。

そのような地域の伝統的キリスト教社会では、キリスト教は「生活」と直結する生命力があり、そこにはある種の突き抜けた明るさや開き直りも見られる。宗教はイデオロギーでもなく個人の選択に委ねられるものでもなく、実存的なものだからだ。

それとは反対に、ヨーロッパの伝統的キリスト教社会は「近代」の波とともに自ら世俗化していったので、中近東のような迫害は受けないまでも、「過去に個人の自由を侵害してきた前近代の遺物」というレッテルを貼られ、ときには容赦ない攻撃にさらされている。ヨーロッパで最も公然と批判されたり冒瀆されたり弾劾《だんがい》されたりしている宗教だと言えるかもしれない。それでも、もちろん、中東の紛争地域におけるような生命の危険はないし、運命を甘受する悲愴なシーンもない。

特に、カトリックは、十六世紀の宗教戦争以来の荒波にもまれてきたせいか、さまざまな攻撃をうまく受け流す智恵がある。フランスのように、非常な苦労をしてようやく「表現の自由」を普遍的人権として掲げた国では、巷にあふれるカトリックへの挑発的な画像やテキストに過剰反応することは、「敵」の宣伝にしかならないからだ。

カトリックとユーモア

フランスには若いカトリック信者たちが発するユーモラスなブログもある。中世の異端審問を誇張した悪趣味なドラマが国営放送で放映されたとき、さすがにカトリック団体からの抗議や視聴ボイコット運動が起きていた。そのときに、ユーモアブログの作者はその番組の中に見られる歴史考証のエラーだけをつなぎあわせて予告編のパロディを制作して、喝采を浴びた。カトリック教会の過去の過ちについてあれこれ弁護する代わりに、笑いとともに距離を置く方法で対処したのだ。

カトリックが鷹揚になるまでには長い歴史があった。禁欲的なストア派の思想が優勢だった世界に広まった初期のキリスト教徒たちは、福音書のイエスが笑ったという記述がないことから、笑いの要素をしりぞけた。十二世紀ごろに初めて、教会は「よい笑い」と「悪い笑い」を区別するようになったという。中世史学者のジャック・ル・ゴフによると、フランスの聖ルイ王は、毎週金曜日には笑わないという方針を採用することで対処したそうである。

キリスト教にはもともと神に向ける二つの違ったイメージが併存している。一つは権威的で家父長的なものだが、もう一つは愛の神で、聖ベルナルドゥスや聖サレジオからリジューの聖テレジアをとおして第二バチカン公会議にまでつながる系譜だ。

そのどちらかが優勢になる時代の波というものがある。ジャンセニズムの時代にはキリスト教は「復活のイエス」を忘れてひたすら「十字架のイエス」をとおしてのみ語られた。フランス革命の後のような大きな打撃の時代には、宗教者は笑いを忘れ、ユーモアも皮肉で激越なものになった。

今のカトリックにユーモアを可能にしたのは第二バチカン公会議だと言われている。公会議を始めたヨハネ二十三世は、ある外交官から「バチカンでは何人くらいの人が働いているのですか」と問われて「まあ、半分はいかないだろうね」と答えた。
笑いやユーモアの余地がまったくない場所には愛は育たない。

修道士とユーモア

巷に広まるキリスト教の修道士のステレオタイプの一つは、『ダ・ヴィンチ・コード』で有名になった自虐的で悲愴で妄執にとらわれているような姿だ。もう一つは、ヨーロッパでは伝統的に各地の修道会がチーズやワインやお菓子を作っているので、丸々太って宴会をしているような姿である。

実際の修道士はもちろんそのどちらでもないのだけれど、笑いがあるかどうかは共同体の健全さを表す指標だと言われている。修道生活の最大の悪徳はアケディアと言われる魂の無気力、無感動状態だからだ。修道志願者が見習いとして認められるかどうかの基準の一つは日常生活においてある主の快活さがあるかどうかと言われるのもそのためだ。共同生活には些細な感情の行き違いや葛藤が生まれやすいが、ユーモアはそこから距離を置いて解決を待つことを助けてくれる。修道者のことわざに「見習い修道士が笑えば悪魔が泣く」というのがあるのはそういう意味だろう。

修道者が自らに課す従順や清貧の誓いは、一見してユーモアの余地のない厳格で禁欲的なものに見える。けれども、修道生活のベースにそのような潔いシンプルさがあるからこそ、小さな喜びやささやかなユーモアが力を生むのだろう。

修道院で祝われるクリスマスにはそれがよく表れている。キリストの受難と復活をたどる期間には希望に到達する前の苦難を追体験するつらさがあるけれど、思わぬ移動を余儀なくされた両親のもとで、馬小屋で生まれなくてはならなかった赤ちゃんという降誕祭の意外性には、はっとする明るさがあるのだ。

不如意な旅先で生まれたその赤ちゃんには、その後も、安定した家庭生活どころか、ロバの背にゆられてエジプトに逃避行をするという試練が待ち受けている。じっと耐えていても終わることのない苦難の連続なので、小さい慰めや喜びに笑いを見いだして生きていくしかない。だとしたら、どんな人の人生も、この世では修道生活の旅みたいなものかもしれない。

少子化の進む先進国では、計画出産や妊娠中の検査などで安全で確実に健康な子どもを生んで学資保険をかけ、コストをかけ、リスクを最小限にして育て上げて正規採用の仕事に就かせて親の老後をみてもらうというような「幸せな」人生を人は夢見る。それに比べたら、二千年前に馬小屋で生まれた赤ん坊とその家族の歩んだ道は、もう笑うしかないくらいに「想定外」の連続だった。

そんな型破りの運命がスタートした日に、星が輝き天使が歌い、馬や牛だのが目を細めて見下ろしているのを想像すると、もう、人生に怖いことなど何もないなと思えてくる。

最大の贈り物

二〇一三年の贈り物

二〇一三年はカトリック世界に大きい贈り物が与えられた年だった。どうしてもそれについて書いておきたい。

それは、二人の教皇によってもたらされた。この年の復活祭を前にしてベネディクト十六世が異例の退位宣言をして、復活祭とともに新しく出発した教皇フランシスコがその年齢から誰も想像しなかったような新風を吹き込んでくれたのだ。

二人の教皇が連携して七月に発布された『信仰の光』の回勅には、はっとするほど広い地平が広がっていた。何しろ、出だしに近いところに堂々と置かれたのが、「神は死んだ」で有名なニヒリストのニーチェの言葉なのだ。

妹の自立を促す若きニーチェは「魂の平安と幸福を望むなら信仰をもつがいい、けれどももし真理の徒でいたいなら探し続けよ」と人間の二つのあり方を説く。ニーチェは信仰を自由な人間が未来へ進むのを妨げる幻想だと見ているのだ。では、信仰と、「真理の徒」であることは矛盾しているのだろうか。

教条的であるかのように思われることもあった前教皇によって投げかけられた清新な息吹に満ちた導入部は、教皇文書のスタイルを刷新する。回勅に引用される三本柱は従来どおり聖書、アウグスティヌス、第二バチカン公会議文書だし、トマス・アクィナスやボナヴェントゥーラなどの常連ももちろんいる。けれども、その他に、ドストエフスキー、ダンテ、エリオットという文学者もいるし、キリスト教からは遠いと思われる哲学者の名も見える。ニーチェだけではなく、二世紀の異教徒ケルススのキリスト教批判から二十世紀ウィーンの正統派ユダヤ人であったマルティン・ブーバーの対話の哲学まで、精神の柔軟性を楽しめる自在な選択だ。

世界各国の首脳の発表する公文書などが官僚的な枠に閉じ込められていたり選挙を見越して大衆に迎合したりするのとは雲泥の差がある。その上、新教皇はカトリック信者だけではなく、世界中の人に向けてメッセージを発し、権力者たちを批判したり叱咤したりすることも恐れない。

カトリックはフェニックスだ

二十一世紀の今もローマ教皇がこのように注目されているのは、考えてみると驚くべきことでもある。カトリック教会は世界で最も古くから途切れずに続いている宗派の一つだが、同時に、これほどその「滅亡」を言いたてられてきた宗教はない。

実際、これまで、ゲルマン人ら「蛮族」の侵攻により、数々の「異端」の隆盛により、または近代の人間中心主義や物質主義の席巻によりローマ・カトリック教会は風前の灯だと何度も予言されてきた。「主はわたしの岩、砦、逃れ場／わたしの神、大岩、避けどころ／わたしの盾、救いの角、砦の塔」（詩編18・3）というように教会が盤石の上にあるのだとしても、人間が運営する有機的な組織であるからには経年劣化や疲労を免れない。

大分裂時代もあれば宗教戦争の時代もあった。歴史上何度も外的や内的な深刻な危機に陥ったカトリック教会がそれでも生き延びたのは、崩壊する寸前に再出発を可能にする根源的改革へと舵を切り直す勇気をもっていたからだ。十一世紀のグレゴリウス改革や十六世紀のトリエント公会議や二十世紀の第二バチカン公会議なしには、また、既成体制を離れて聖霊の声に従った多くの改革修道会の誕生とその公認なしには今のカトリック教会はない。本質を残すためには本質でない残りのすべてを変えなければならないシチュエーションがある、と言われるゆえんである。

そして、二十一世紀の今はまさにそのような更新を必要とする時代なのだ。教皇フランシスコは、果敢にも、教皇庁内部の改革、カトリック共同体の良心への訴え、世界に向けての変革の呼びかけの三つに同時に乗り出した。

教皇フランシスコの贈り物

教皇が広く世界に向けて発したメッセージが二つある。一つは、他者の窮状や惨状を見て見ぬふりをするのは罪であるということで、もう一つは、富や権力への欲望には限界がなくなっているということだ。前者はある意味で、キリスト教から社会民主主義に至るまで、これまでも多くの指導者が訴えてきたものだ。後者は、グローバリズムと一体化している新自由主義経済を名指しではっきりと批判するもので、現代における緊急の課題だ。

今や貧富の格差は地球レベルだけではなく、戦争のない先進国の内部でさえ深刻なものになってきている。そのベースには、人間は経済活動において自由に競争させておけば必ず合理的思考をするもので、市場にはおのずと歯止めがかかるから最適値におさまるものだという経済学理論があった。貧困率が大きくなると社会全体として経済が回らなくなるから妥当なところで平衡が保たれるという考え方である。

それはある時代のある規模の経済には当てはまったかもしれない。けれども、富や権力の追求というものは、一線を越えれば自動的に是正されるどころか不合理で度を超して増幅していき、留まることを知らないという実態が明らかになってすでに久しい。その流れを変えるには、その場限りのあるいは国別の対症療法ではなくて、経済理念、企業理念、政治理念の根本を変えなくてはならない。

たとえていえば、いったん何かの依存症になった人に向かって健康の大切さを説いても運動を勧めても意志の弱さを責めても、それだけでは絶対に抜け出せないことと同じだ。心身の複合的な病だと認めて介入する治療が必要なのだ。それをするのは国際社会を形成する各国の政治の仕事だ。人道支援団体や環境団体など善意の非政府組織や宗教団体などがする手当には限りがある。環境保護と経済格差の解消は政治の仕事であり、政治が介入して根本の構造を変えないかぎり問題は解決しない。

キリスト教は「皇帝のものは皇帝に、神のものは神に返しなさい」（マタイ22・21）

という有名な言葉でローマ帝国支配下の政教分離を打ち出したと言われる。イエスがローマ支配を倒す実力行使に出ないので失望した人たちもいただろう。けれども政治や社会の状況や強者が弱者を踏みにじる仕組みもときとともに変わっていく。いのちと尊厳をリスペクトするという変わらぬ原則を貫くには時代が求めるやり方を模索する必要がある。国際社会のパワーバランスは軍事力や経済力で決まるかもしれないが、モラルバランスを制するものは力を超える。

ヨハネ・パウロ二世が人々の連帯を鼓舞して冷戦終結の原動力になったように、カトリック教会が教皇フランシスコとともに一新して、肥大するばかりの軍事や経済を矯める世界づくりに貢献できるかもしれない。

いのちにとって最大の贈り物は、いつも、「希望」である。

災害の後

大量の犠牲者が喪を変える

地震や台風のないフランスで、近代になってから大量の死者が出た最初の事件は第一次世界大戦だった。初めて機関銃などの近代兵器が使われ、ドイツ軍による市街地の無差別攻撃も行われ、無数の死者が出た。十八歳から二十七歳のフランス人の四人に一人が死んだ。

故郷から遠く離れた戦場では、後で身元を確認してもらえなかった死者がほとんどで、誰がどのような状況でいのちを失ったのかわからない。いわゆる従軍司祭のほかに、徴兵された三万人の司祭が敵の血を流さずにすむように衛生班として塹壕に入り、泥と砲火の中でいのちをかけて傷病兵を救い、世話し、励まし、慰めた。反教権主義者たちからそれまで社会の寄生虫の如く罵倒されていた司祭たちが、塹壕の守護天使に変身した。

出撃前の兵士を祝福し、弾のとびかう中で聖体を授けた従軍司祭の十人に一人は自らも砲火の犠牲になった。このときに、死んでいく兵士を何が一番支えたのかと言うと、「名前を聞く」ことだったという証言がある。自分の名を言い残し、司祭がその名を繰り返して書き留めたときに、兵士の表情に明らかに安らぎが見て取れるのだそうだ。人は呼ばれて生まれ、別の世界に呼ばれてこの世を去る。

この大戦による大量の死者は、フランス人のそれまでの死者や死との関係に決定的な変化をもたらした。それまでは、一人ひとりが自分の罪をいかに償って「善き死」に到達するかが課題とされていた。司祭に告解し、贖罪を果たし、宗教上の戒律をあれこれ守らねばならない。それでもたいていの人間は「聖人」として天国へ迎えてもらえるには不十分な「罪びと」だったから、カトリック教会は「地獄堕ち」を恐れる人のために「煉獄」を想定することにした。

この世で果たしきれなかった贖罪は死んでから煉獄で済ませ、生者は煉獄にいる死者が「出所」できるように祈る。ちょうど、日本で、生きている間は俗人で罪業にまみれていた人が、死んでから戒名や法名をもらって生者から供養してもらうことで無事「成仏」できるのと似たようなものだ。つまり、いくら伝統化しているとは言っても、死の後の行き先は個々の「自己責任」の範疇とされたわけだ。

ところが、罪人を無事に天国に送り届けるためのさまざまな約束事は、戦時大量死によって機能しなくなった。何よりも、苦しんで死んでいった人々が死んだ後まで煉獄で試練をくぐらねばならないなどとは考えられなくなったせいで、煉獄はこの大量死の時代に、事実上消滅した。

戦後再建された教会のステンドグラスには塹壕の兵士の姿が描かれた。第一次大戦の終戦が十一月十一日で、カトリックの諸聖人の祝日や死者の日に近い「死者の月」に当たったこともあり、フランス中の教会で、天国に行った無名戦士の魂への祈りがささげられた。それは今も続いている。「諸聖人の通功《つうこう》（コミュニオン）」というものが本当の意味であらゆる死者と生者を「無条件につなぐ」ものとなったのは、そのときからだ。

「摂理」の裏側のユートピア

大災害の後の行方不明者を含めて数多くの犠牲者を前にするとき、一人ひとりの「生前の行い」はもちろん、一人ひとりの星周りだの運勢だのは意味を失う。普段の信心や義務の遂行の度合いも関係がない。自業自得もなければ成果主義もない。けれどもそれらのさまざまな「方便」がかき消された彼方の不条理に初めて見えてくるものが、実はある。それが神のみ旨、摂理というものだ。

私たちは数々の「試練」の意味を知ろうとするが、大きな流れの中にしか見いだせない意味、生きている間には手の届かない意味というものもある。個々の身に降りかかった不幸の前では「なぜ私だけが」「なぜ大切なあの人が」という問いに苦しめられるが、本当は、個々の試練や死も、まだ完成しない巨大なパズルの一つのピースでしかないのだ。それを実感したときにだけ訪れる癒しというものは確実にある。私たちが諦めなければならないのは苦しみや不幸ではなく、それを自分の物差しで理解しようと固執することなのだ。

襲いかかった大きな災難や大きな試練を前にしたときに、何が何でもその意味を理解しようとするかぎり、人は苦しみから逃れられない。それが集団的な試練であるときには、逃れられない苦しみから目をそむけるために、ときには過剰な優しさや感情の鼓舞という風潮が生まれる。現実の厳しさを糊塗するために、いわゆる「ポエム化」という美化が進むのだ。

「絆」も「思いやり」も「おもてなし」もそれが記号となり同調の強制となるときには、集団主義による排除のシステムに組み込まれてしまう。助け合う人の善意や愛の行為やシンプルで感動的な言葉の多用は、「摂理」の不条理を視野に入れないときには、人生を単純化したユートピアの道徳に人を閉じ込める。あたかも広告のつくりだす消費欲の幻想の共有のようだ。

復興に必要なもの

幻想のユートピアの連帯感に逃げ込む甘い言葉は、今や行政や権力にまで広がっている。そこでは災害の責任の所在をうやむやにしたり数値的な「復興」の明るい見通しばかりに目を向けさせたりする、情緒的な連帯感の高揚が強調される。客観的な説明や対策の検討を経ずとも、お仕着せのポジティブなイメージを皆が安易に受け入れてしまう。

では、本当の復興に必要なものは何だろう。それは、キリスト者にとっての本当の魂の救済や永遠のいのちの獲得に必要なものとたぶん同じものだ。すなわち、視点を二つ、物差しを二つ、生き方のビジョンを二つもつことである。

私たちには今を生きている自分を超えるものを、本当に理解することはできない。人災や天災の前にいのちがいかにはかないものであるかということを知っている以上、どんなに耳触りのよい言葉で慰められたり自分を鼓舞したりしても、私たちは一種の悲観主義に到達せざるを得ない。自分の個としての、肉体としての人生の「意味」は、この世では決してわからないからだ。

でも、その大きなレベルでの「意味」の不可知性を受け入れさえすれば、暗雲が切れる。生きている意味がないと悲観していいのちを絶つ必要もないし、先立った人の死の意味について悩み苦しむこともない。それらは、この世では見えないけれど別の次元で与えられている意味を担っているからだ。

意味の追求はいったん忘れよう。悲観的な現実をきっちり見据えた上で、毎日をポジティブに行動すればいい。小さなアクションにこめる楽観主義を積み重ねていけば、いつのまにか悲観主義とのバランスがとれるのだ。隣にいる人を笑顔にする、誰かと食事を共にする、どこかに欠けているけれど別のどこかには足りているものを運んだり、分け合ったり、壊れたものを修理したり、状況の改善のためにみんなと知恵を合わせたりする。

毎日の生活で繰り返す「共生」のアクションにこめられる意思は、神の意思である。そう信じて生きる「楽観」だけが、本当の意味で生者も死者もつないでくれる。

その4

逃げずに向き合う中で、出会うものがある

十字架のキリスト

大きな磔刑像

私の寝室の壁には、フランドルの修道院から伝わった大きな磔刑像が掛かっている。浮彫りではなく、大ぶりの木の十字架に、金属製の全身像が釘で穿たれているリアルな像だ。宗教の文脈を離れれば、何を好んでこんな陰惨なものと向かい合わねばならないのだというほどのものだ。

田舎の教会の墓地には、ほとんどすべての墓石にリアルな磔刑像がついていて、昔、一つひとつをじっと見ていた子どもが「この人たち、みんな、こうやって死んだの?」と怯えたように小声で聞いたのを思い出す。日本ではなおさら、救い主が磔にされているというようなショッキングな姿を前面に出すキリスト教は、マゾヒスティックなのか、脅迫的なのか、そもそも、二千年前のパレスチナでの処刑シーンなど自分とは関係がないのに、と思ってきた人は少なくない。

なぜキリスト教が十字架のキリストという磔刑像を主要シンボルとして採用するようになったのかというと、一つは、受肉した神がそのような恐ろしい死に方を受け入れたのは、人間に対して、神は人間の苦痛に連帯していて断末魔の瞬間まで寄り添っていることを知らせるためだから、と言われている。

初期のキリスト教徒はキリストの死と復活によって救われたのだから、もう死は怖くないと思っていた。五世紀くらいから、懐疑とともに罪びとは地獄に落ちるという恐怖が芽生えてきた。その後、十三世紀以降の西洋では生の喜びと死の前のはかなさについての感受性が強まり、十四世紀のペスト流行がそれを増強した。遺体の描写は陰惨なものとなり、凄惨なキリストの姿に耐えられなくなった磔刑図からはついにキリストの姿が消えて十字架だけが残される場合も出てきた。

しかし、キリスト教の根幹は、受難の果てにいのちを落とした後で、復活して永遠に生きるキリストの姿にあるはずだ。人としての人生の最悪のシーンの姿を、これでもか、これでもかとヴィジュアルなシンボルにするのは倒錯的ではないだろうか。

これには別の意味もあるはずだ。それは、スケープ・ゴートを禁止するメッセージである。

カダフィの死とフランスの国防相

フランスは、リビアのカダフィ独裁政権を倒す反対派勢力を最初から支援してきた。しかし二〇一一年、そのカダフィが裁判を受けることなく反対派に引き回されて殺された映像が流れたとき、フランスの国防相は「自分は十分キリスト教徒なのでショックだった」とインタビューに答えた。

政治家が宗教を口にすることがタブーに近い徹底した政教分離のフランスの、しかも軍事担当の国防相がそう言ったことに私は驚いた。「フランスだって空爆してカダフィ軍を殺しているのに」と心の中で突っ込んだ。公営テレビのアナウンサーは、残酷さに眉をひそめた後で、「フランスも革命のときにギロチンで恐怖政治をして、死刑廃止までには長い道のりがあった」と自分で突っ込みを入れていた。

それにしても、キリスト教徒だからリンチを見るに忍びない、という発言はある意味で意外だったのだが、考えてみると、キリストの磔刑像は、さらしものにされて殺されるという「見るに忍びない」こと最たるものなのだ。そして、イエスがすべての人間の罪をあがなう神の小羊として犠牲になったというのは、キリスト教の根幹のテーマである。

ユダヤの神は何かと言うと生贄の羊を要求した。アブラハムには息子イサクを犠牲にせよと命じた（創世記22参照）くらいだが、結局、身代わりの羊を送ってくれた。その後も、滅ぼすものがユダヤ人の家を通らぬように犠牲の羊の血を塗ったことを過越の祭りで記念し続けた。

ユダヤ教は人身の生贄を小羊に置き換えたのだ。キリスト教はそれをさらに進め、イエスの十字架の死によって、すべての生贄は完成され、小羊の血と言えどももう流す必要がないとした。

私たちのスケープ・ゴート

宗教行事で生贄をささげるのは古今東西かなり普遍的なものだ。神への賛美と感謝の供物、誓願達成の供物、自発的奉献のほか、罪や咎を償うための生贄も広く存在する。災いを回避したい人間の智恵と工夫の表現なのだろう。

そのシステムに「スケープ・ゴート（身代わりのヤギ）」という人類学的意味を付与したのはフランスのルネ・ジラールだった。スケープ・ゴートは、全員が全員を敵にするような緊張状態を回避するために、人々がすべての「罪」を誰か一人に負わせて抹殺する浄化のメカニズムなのだ。

イエスを見た洗礼者ヨハネが「世の罪を取り除く神の小羊だ」(ヨハネ1・29)と看破したように、イエスはすべての人の罪を償う犠牲の小羊であったとともに、権力争いや民衆の不満が渦巻いていた当時のユダの国で、暴力的なエネルギーのはけ口として見せしめのスケープ・ゴートにされたのだ。

だとしたら、磔刑図の伝えるメッセージの一つは、私たちは、自分の危機や暴発を防ぐ「ガス抜き」として他の誰かを裁いてはならない、ということである。困ったことが起きたときに知らぬ顔で誰かに責任を転嫁したり、被害を受けたと感じたときに犯人探しをして復讐の念を抱いたりするとき、私たちは、キリストを十字架につけているのかもしれない。

そう思うと、キリストの受難で私の罪が償われたのだとしても、私の前にある十字架からキリストが降ろされ、復活していないのは、私のせいかもしれない。思えば、日々刻々、自己正当化と心の平和のために、絶えず大小のスケープ・ゴートを探して差し出してはピラトのように手を洗わない日はないくらいだ。そう気がついたとき、壁に掛かっている十字架のキリストは私に別の意味をもってきた。

苦しそうな姿を見るたびに、「ごめん、また、自分で問題に立ち向かいませんでした、他人のせいにしました」「待っていて、私が何とかあなたをそこから降ろして天に昇らせてあげるから」という気になる。

世界中の磔刑像はすべて私のエゴイズムで釘打たれている。それでも、ある日いつか、壁を見あげたときに、木の十字架から私のキリストの姿が消えているという夢だけは、捨てたくない。

ユダが「裏切り者」になったわけ

ユダの裏切りの解釈の歴史

銀貨三十枚と引き換えにユダヤの大祭司にイエスを「売った」といわれているユダは、キリスト教世界では「裏切り者」の代名詞のようになっている。けれども、キリスト教の歴史の最初からそう考えられていたわけではないし、時代と文化の文脈によって、ユダのイメージは変化してきた。

考えてみると、人間の罪をあがなうために独り子を差し出したのは「父なる神」だ。その大きなみ旨の中で、イエスはユダの行動に身を任せ、ユダはイエスを大祭司に引き渡し、大祭司はイエスをピラトに引き渡し、ピラトはイエスを死に引き渡した。ユダはその鎖の一環に過ぎない。

そもそも、イエスが、最も信頼すべき使徒として自分で選んだ十二人の中に「裏切り者」が入っていたのだとしたら、リーダーとしての資質が問われそうだ。最初にその問題を掘り下げたオリゲネスは、ユダは最初は善き使徒だったのが自由意志で変節したのだと解釈した。オリゲネスにとって、ユダの最大の過ちは、その悪魔の呼びかけに抵抗せずに中に入れてしまったことだ。オリゲネスの解釈に影響を受けたアウグスティヌスは、悪魔の侵入をゆるしたユダにはすでにその下地があったという。

後世の人々は、ユダに好意的とは言わないまでも単純な判断を避けたオリゲネスよりも、アウグスティヌスの示唆したユダの悪の素質のほうに重点をおくようになった。それ以来、中世を通じて、悪の化身としてのユダ像が少しずつ形づくられていったのだ。

民衆の中のユダ

中世のキリスト教世界ではいろいろな聖人伝が紡がれた。神学が発展するにしたがって、その「物語化」が始まったと言ってもいい。それは神と人との関係を説明しようとする人々の営みの一部だった。

ユダの物語も、それら『聖人伝』の真逆のものとして流布することになった。古代末期から中世にかけて、ユダの子ども時代の話が現れた。五世紀ごろにシリアで成立したと思われる『イエスのアラブ福音書』には、すでに奇跡の治癒を成し始めていた三歳のイエスのもとに連れられてきた子ども時代のユダの話がある。

幼いユダには近づく者すべてに噛みつく癖があって、誰もいないときは自分の手足を噛むのだった。イエスの右に座らされたユダの中に悪魔が入り、ユダはイエスの右脇腹を強く殴った。イエスはうめき、泣き出したが、悪魔は退散した。噛むことは後の裏切りの接吻を連想させるし、自傷は自殺を連想させる。ともかくユダは子どものころから悪魔に憑かれるキャラクターとされたのだ。

十二世紀以降にはまた別の伝説が流布するようになった。エルサレムに住むルーベンとシボレの息子のユダは、その子がユダヤ民族を滅ぼすだろうという夢を見て恐れた母の手で海に流された。流れ着いたイスカリオテ島の王妃に息子として育てられたが、性悪となり、やがて出自を知った後で乳兄弟を殺害し、エルサレムに逃げて総督ピラトに仕えるようになった。ルーベンの庭に成る果物を所望したピラトのために、そうとは知らず実父の庭に侵入したユダは父に見つかり争って殺してしまう。スキャンダルを恐れたピラトはユダをルーベンの未亡人と結婚させた。やがて妻が実の母だと知ったユダは絶望のあまり自殺しようとするが、妻の助言により救いを求めてイエスのもとに出かけ、その弟子となったのだ。

十二世紀のヨーロッパでもギリシャのオイディプス神話は知られていた。ユダの伝説はモーセやオイディプスの物語に明らかに影響を受けている。しかし、オイディプスが運命に翻弄された悲劇のヒーローであるのに、ユダは生まれながらの悪だった。このヴァージョンが、ウォラギネの『黄金伝説』の使徒マティア伝の中に引用されたせいで、ユダはますます、善きイエスと悪いユダという二元論の中に位置づけられてしまう。

イエスの最後の三日間のみを描いた『雄鶏の福音書』には、殺された雄鶏を蘇生させたイエスが雄鶏に命じてエルサレムでのユダの行動をスパイさせたり、ユダの妻がユダに主を売ることをそそのかせたりという初期キリスト教世界の女性嫌悪を思わせる記述も出てくる。

数々の典礼劇や賛美歌にもユダの邪悪さが盛り込まれ、ユダは「裏切り者」「偽善者」「非人間」「獣」「狂人」など、ありとあらゆる罵倒で形容されるようになった。そこでは自らを犠牲とするイエスの「合意の力」は弱まり、全能の父がイエスのそばになぜ「悪」を配したのかということも不問に付される。ユダは、民衆を怒りや憎悪で結びつけてカタルシスを与えるスケープ・ゴートの役割を果たすようになったのだ。

その副産物がユダヤ人に対する憎悪である。ギリシャ語でもラテン語でもドイツ語や英語でも、「ユダ（Iudas, Judas…）」と「ユダヤ人（Iudaes, Jude, Jew…）」の二つの語は重なりやすく、いつのまにか、「ユダ」が「ユダヤ人」の元型のように使われ始めた。神学的、福音書的な文脈で「主を敵に引き渡した者」であるユダへの憎悪が「政治的宗教的な差別の対象」としてのユダヤ人への憎悪へとシフトしていったのだ。

ユダが主を金で売ったように、ユダヤ人は「金の亡者」で「神殺し」で「裏切り者」となった。「イエス対ユダ」の善悪の図式は「キリスト教徒対ユダヤ人」の善悪の図式にすりかえられた。それが何度も繰り返され十九世紀末フランスのドレフュス冤罪事件*を生んだり、二十世紀のナチスによるホロコーストの正当化に利用されたりしたことは記憶に新しい。

＊一八九四年に当時フランス陸軍参謀本部勤務のユダヤ人アルフレド・ドレフュス大尉がスパイ容疑で逮捕された免罪事件

近代以降のユダ像

民衆の敵意を一身に集めていたユダへの神学的な見方が変わったのは宗教改革の時代だった。カルヴァン派は、ユダのとった行動は、神の摂理の中にあるのだからユダは神の道具であって、責任はないとした。ユダにまつわる善悪二元論を自らの権威づけの道具として使ってきたカトリック教会に反発するプロテスタントによって、ユダの「悪」に対する見方もだんだんと変わってきた。

たとえば、イエスがユダを使徒として選んだのは、ひとつには神の摂理に従うためで、ひとつにはたとえ使徒だの司祭だのという役割にある者でもその名に値しなくなることがあるという教訓を残すためだとされた。ユダが自殺したのはキリストのゆるしと恵みを拒否したからであり、主はわれわれが皆、罪びとであることをよく知りながら愛してくれるという恵みが強調された。

聖書の歴史的研究も盛んになった。ユダの死の場面の異同は、首を吊ろうとした縄が切れて転落死したからだという解釈も現れ、祭司長たちのところに行って銀貨をもらったという話も、ユダの単独行動で他の使徒たちは見聞していないのだから「後付け」だと言われた。福音書は事実の歴史的叙述としてではなく宣教の目的で書かれたものだからだ。

イエスの逮捕や処刑の前後には、まだ誰も、イエスが復活することや救世主だという確信をもっておらずパニックに陥っていたのだから、ユダの動向に注意する余裕があった者などいなかったはずだ。ユダは宣教の道具に過ぎない。

このようなユダの「復権」には弾みがついて、ユダが最初から最高法院に送り込まれたスパイだった（これは「祭司長たちはそれを聞いて喜び」［マルコ14・11］という記述に矛盾する）という陰謀説から、逆についに政治的反逆に出ようとしたイエスがユダヤ教を裏切る尖兵としてユダを指名したのに自分が裏切られてしまったという荒唐無稽な解釈までも現れた。ローマ教会を否定する反教権主義のイデオロギーの中では、娼婦だったマグダラのマリアや、ヨハネを殺させたサロメとともに、ユダは「教会権威の反抗者」としてもちあげられたのだ。

私たちの中にいるユダと出会う

二十世紀になって人気を博したのは、ユダが生まれつきの悪人どころか使徒の中でも最も優秀なリーダー的存在で、イエスと愛で結ばれた「真の弟子」だったという説だ。リアル・ポリティクスを標榜するユダには、イエスの影響力が低減することは耐えられなかった。あるいは、律法と当時の権威に忠実であろうとするユダには、次第にアウトローになっていくイエスのスタンスが矛盾に思えてきたので長老たちに相談せざるを得なかったのだ。そのような、「自分の立場に悩み苦しむユダ」という同情的、共感的なイメージは、七〇年代に世界中でヒットしたロック・ミュージカルの『ジーザス・クライスト・スーパースター』にも受け継がれた。

ユダの悪魔性を緩和するのとは逆に神の全能のほうを人間化する傾向も現れた。イエスは人間として人間の世界の偶発時の犠牲となったので、ユダも「自分のしたくないことをしてしまう人間」であるに過ぎない。いったん人間として身を差し出したキリストが人間のすべての矛盾や弱さに従ったように、ユダも、弱さにおいて兄弟である「人間」以下のものではないのだ。

この、言わば「人間だもの」という解釈では、それまでの「ユダ＝悪の化身」というステレオタイプの反動であるかのように、ユダはまるで最初の殉教者のごとく扱われたのである。

私たちは誰でも人生の中で、意図的または結果的に裏切られたと感じることもあるし、意図的または結果的に裏切ってしまったと感じることもある。そんなときに、それをすぐにくやしさや恨み、または後悔や罪責感につなげて、軽率な行動に進むべきではない。けれども、見返りのない愛を前提にしたポジティブな意味を常に期待することは難しい。

「人間だもの」と弱さを認めて開き直るほうが、ずっとたやすい。けれども、たやすいからといって弱さを放置するとそこに風穴が開き、絶望の風が吹き込むこともある。

私たちはユダの開けた穴の向こうからこそ、「人間」を超えたものへの信頼を呼び込まなくてはならない。そう考えるとき、私たちの中にいるユダは私たちを「祈り」へと誘ってくれる大切な存在へと、確かに変容し得る。

尊厳死と孤独死

尊厳死の宣言

尊厳死の宣言（Living Will）書とは「私は、私の傷病が不治であり、かつ死が迫っていたり」で始まり、重篤状態で各種機能を補助する無数のチューブに繋がれるなどの不自然な延命措置や生命維持措置を拒否する要望を記したものだ。

確かに、周りとのコミュニケーションがなくなった状態で機械に繋がれている人を見るのは、家族などにとっても不自然、残酷、可哀そうだという気持ちを抱かせる場合が多い。もちろん、何をもって「自然」と「不自然」の線を引くのかは、「不治」の基準と同じくらい主観的なものだ。それだけではない。統計的「余命」を宣告され得るような病気とは違って、事故で大けがをして緊急病棟に運び込まれたような場合は、本人の意思など問答無用で可能なかぎりの救命処置がとられる。

昨年の夏に、知り合いの家族で自らも医師であり尊厳死協会の正会員でもあった婦人が、不慮の交通事故にあった。生死が紙一重である高度救命救急の現場では、彼女が用意していた尊厳死の宣言など考慮される余裕もない。そもそも救護義務という法律がある。さまざまな管が挿入されて、あらゆる救命措置がとられた。一時は危篤を脱したかに見えた婦人は、秋の終わりに「不治」の状態になり、機器に助けられながら過ごして年末に亡くなったそうだ。

このような場合、家族は、果たして彼女の尊厳死の要望を尊重できたのだろうか、と自問する。尊厳死の宣言にイメージされているものは長引く「不治の病」であって、壮絶な事故現場ではなかったのだ。

女優の吉行和子さんのお母さんは二〇一五年に一〇七歳でなくなった吉行あぐりさんだ。百五歳でまったく動けなくなったけれど健全な知的活動を保持しているあぐりさんの状態を見て娘の和子さんは、その状態で生き続けるのは母にとって不本意なのではないだろうか、自分も一人になったら尊厳死を望んでいるが、死病ではない場合、どうやって生きて死んでいいのかわからない、と語っていた（婦人公論二〇一二年十二月七日号）。

意識がはっきりしているけれど全身が麻痺しているとか、呼吸器をつけたり胃瘻処置をしたりさえすれば生き続けることができるという場合に、そのような「措置」が人間の「尊厳」を侵すものだろうか。自立していた人が事故や病気によって生活の基本的な動作を他人に介助してもらわなければならないだけで、「自尊」の念を傷つけられてしまうことがある。いや、検査や治療のために「患者」の立場になっただけで、プライバシーを侵され社会的な役割も剥奪されるような気になる場合さえある。

「自尊」など、たまたま健康で環境に恵まれている状態で社会的役割を与えられている時代や場所でだけ保つことができる脆弱な看板に過ぎない。それに対して、他者との関係における自己評価と関係のある「自尊」ではない「尊厳」というものはもっと本質的なものであるはずだ。

孤独か孤立か

数年前、五十代の知り合いの作家が一人住まいの自宅で亡くなった。電話にも出ずメールにも応えないのを心配した友人らが家に行って、くも膜下出血で亡くなったらしいその人と、やせこけた愛犬とを見つけた。友人たちは今も発見時のショックと後始末にまつわる悲惨さに関するトラウマを抱えている。本人が助けを求めようとしていたのではないか、誰かそばにいれば助かったのではないかという問いにも苛まれ続ける。

けれども、機器の介助なくして自宅で愛犬のそばで亡くなったという点では、人工的な延命治療を拒否するという意味の「尊厳死」には合致しているともいえる。どの場合も、後悔や慰めはすべて残された者の側から語られる。「何が何でも延命を希望」

したことであきらめがついたり、死に逝く者のそばにいて看取れなかったことに対して罪悪感を抱いたりするのだ。

プロテスタントの神学者パウル・ティリッヒ（一八八六～一九六五）は、孤独には二種類あるとして、「孤立（絶縁）は一人であることの苦しみを表し、孤独は一人でいることの栄光を表す」と書いた。物理的に一人でなくとも孤立することはあり、それが苦しいのは、自分の意志ではなく「見捨てられた状態」だからだ。その意味では、群衆や弟子たちに見捨てられたナザレのイエスの死は「孤独死」の苦しみのシンボルでもあり、イエス自身も「あなたがたが散らされて自分の家に帰ってしまい、わたしをひとりきりにする時が来る」（ヨハネ16・32）と知っていた。

たとえ神のみ旨であろうとたった一人で背負う運命の前で人はおののく。エリヤは「わたしは万軍の神、主に情熱を傾けて仕えてきました。ところが、イスラエルの人々はあなたとの契約を捨て、祭壇を破壊し、預言者たちを剣にかけて殺したのです。わたし一人だけが残り、彼らはこのわたしの命をも奪おうとねらっています」（列王記上19・10）と絶望したし、モーセは「わたし一人では、とてもこの民すべてを負うことはできません。わたしには重すぎます」（民数記11・14）とおののき、ダビデも悩んで「御顔を向けて、わたしを憐れんでください。わたしは貧しく、孤独です」（詩編25・16）と訴え、パウロも「わたしの最初の弁明のときには、だれも助けてくれず、皆わたしを見捨てました」（テモテへの手紙二4・16）と認《したた》めた。

孤独と尊厳

自ら求める孤独は別だ。イエスは人々が集まってきたときに「人里離れた所に退いて祈っておられた」（ルカ5・16）し、人々にも「祈るときは、奥まった自分の部屋に入って戸を閉め、隠れたところにおられるあなたの父に祈りなさい」（マタイ6・6）と説き、人々が来て自分を王にするために連れて行こうとしているのを知ったときも、「ひとりでまた山に退かれた」（ヨハネ6・15）。

「軛《くびき》を負わされたなら　黙して、独り座っているがよい」（哀歌3・28）と言うように、試練のときにも人は孤独を必要とすることがある。イエスは宣教に疲れた弟子たちに「さあ、あなたがただけで人里離れた所へ行って、しばらく休むがよい」（マルコ6・31）と言われたし、洗礼者ヨハネの死を知った後では「群衆を解散させてから、祈るためにひとり山にお登りになった。夕方になっても、ただひとりそこにおられた」（マタイ14・23）。

ここから見えてくるのは何だろう。本質的な孤独や尊厳とは、人と人との関係の中ではなくて、人が自分だけになったときにはっきりと見えてくる、神との関係の中にあるものだということだろうか。神が「みなしごの父となり」「孤独な人に身を寄せる家を与え」（詩編68・6、7）というのはその意味なのかもしれない。人が一人でなく神と生きているということが尊厳の正体なのであれば、尊厳は、体にとりつけられる無数のチューブにも侵されず、友の裏切りや老病死にさえも侵されない。

人間として最悪の「非尊厳死」であり「孤独死」に見える十字架のイエスは、「しかし、わたしはひとりではない。父が、共にいてくださるからだ」（ヨハネ16・32）という一言によって最高の尊厳死となった。その死と復活は、神が守護霊や守護聖人のようにどこかにいて祈れば出て来てくれるものではなく、すべての人の中にあり、その関係は、生と死と死後をも貫くものだと教えてくれる。

終末の啓示を受けるダニエルは「ひとり残ってその壮大な幻を眺めていた」（ダニエル10・8）。

神と共にある尊厳のうちに一人この世から去るすべての人たちが、壮大な幻をながめ続けているのだと信じたい。

エコロジーと動物の権利

アシジの聖フランシスコ

フランシスコと言えば小鳥に説教している図などを思い浮かべるが、有名な映画『ブラザー・サン シスター・ムーン』の太陽の賛歌にあるように、動物どころか全宇宙も神の被造物としてきょうだいだと見なす「エコロジーの守護聖人」だ。

といっても、キリスト教の天地創造では神がまず森羅万象と動物を造った後で「神の似姿」としての人間を造ったことになっているので、それが長い間、動物を含めた環境に対する人間優位の思想の根拠となって人が自然を支配してゆく進歩思想を生んだ。イエスが人に憑りついた悪霊をうつして溺れさせた「ガダラの豚」(マタイ8・

28〜32参照）の事例を引いて人間の優位を示したと解釈する神学者もいた。

そのおかげで今の人間は過去に比べるとはるかに安全で快適な生活を送れるようになったわけだが、一方で人をとりまく「環境破壊」は深刻になった。推し進められた人間中心主義は普遍的な人権思想にまで結実したけれど、「人間以外」はきょうだいというより、人間の恣意に従わされる資源であり道具であると見なされるようになった。

それでも、考えてみると、他者を搾取したり従属させたり破壊したりするのは、最初は限られた共同体の中で権威や権力をもつ支配者だけだった。世界が広がり「人間」という概念が生まれても、その範疇は長い間「資産（家族を含む）をもつ白人男性キリスト教徒」程度だったので、それが白人以外（生物学的には人種の区別は存在しない）や、無産者や、女性や、障碍のある人などへと少しずつ広がって、普遍的なヒトを包括するようになったのはごく最近のことなのだ。それも「建前」であって、今でも、ある種のヒトをモノと見なすことを容認する文化や習慣は世界中に残っている。

動物の自然権

けれども建前上の普遍的な人権擁護を掲げる「先進国」においては、その普遍の枠をさらに広げる「動物の権利」のために戦う運動がたくさんあって、国際問題に発展することもめずらしくない。この流れは大きく分けて三つある。

まず、功利主義を唱えた哲学者ジェレミ・ベンサム（一七四八〜一八三二）の考えに拠る、倫理哲学者ピーター・シンガー（一九四六〜）を代表とする動物解放運動だ。そこでは、権利擁護においては理性の有無が優先されるのではなく感受性が問題とされる。痛みを感じる能力のある動物はすべて生存権、個体の自由を有し、人間によって恣意的に損傷されることがあってはならない。

アメリカにおける動物権運動の理論的指導者とされるトム・レーガン（一九三八〜）は「動物権」を明確に唱えた。動物は「人間と平等」というのではなく、生命のリスペクトにおいて平等だと言える。デカルトのように人間の存在の根源に自己意識をおいた人もいるが、レーガンは、他の動物（事実上哺乳類と鳥類）も決して精巧な自動機械ではなくて意識をもっていると見なしている。

次に、人類学的、民族学的な視点がある。初めは白人の視点から異民族を異種のように観察してきて人間の普遍性に到達した学問の成果を敷延し、人間と他の動物の間にも連続性を認める「連帯」の視点だ。偏見の解消が強調される。

最後に、哲学的なアプローチがある。それは、人間の「固有性」にこだわるもので、人間は言葉と計画によって自分自身の種を絶えず超えていく存在だということを踏まえたうえで、連続体である他の動物の権利を段階的に広げていく。

食肉のための動物殺害の量が地球規模で増え続けて、今、最も過激な「動物保護」は、動物の搾取を規制することではなく「廃止」するアボリッショニズムやヴィーガニズムと呼ばれるもので、肉や乳や毛皮などを採取するためのあらゆる畜産や狩りを禁じる。非人間種を経済的産物という目で見ないという転換の前途は困難に満ちている。

ペットの虐待は絶対にゆるせない人も、食肉動物を切り刻んで食べることには痛痒《つうよう》を感じない。自分の家族が殺されれば怒り嘆く人間が、奴隷農場やユダヤ人収容所では、黒人や劣等民族だとされている人たちを平気で殺すことがあったことを思うと、「意識の変革」というのが容易でないのはわかる。

万物とどう向き合うか

「動物保護原理主義」を批判する人の中には、まだ人権さえ蹂躙《じゅうりん》されている人がいる世界で非人間動物を保護するのは倒錯だとか、それによって人間の保護の方に手が回らなくなるのではないかという人がいる。けれども、古くから、ヴォルテール（フランソワ＝マリー・アルエ　一六九四～一七七八）や、ヴィクトル・ユーゴー（一八〇二年～一八八五）、政治家のジョルジュ・クレマンソー（一八四一～一九二九）など人権思想を唱えた人たちは動物保護も唱えていた。弱者を同類だと認めるかどうか、異種をリスペクトするかどうかという問題は差別やいじめの問題とも深くかかわってくるのだ。

動物の権利保護で問われているのは、結局「人間とは何か」ということである。四世紀の教父セザレのバジリウスは「人とは神になるようにと呼ばれた動物である」と言い、ジャン・カルヴァン（一五〇九〜一五六四）は「人は神の協働者」だと言い、アルベルト・シュヴァイツァー（一八七五〜一九六五）は「人を救う欲求そのものが神である」と言った。人は、他の生き者を支配するために最後に創造されたというよりも、万物のメンテナンスを任されるという責務に就くよう招かれたというべきなのかもしれない。

ナチスの収容所で母を殺された実存主義者のハンス・ヨナス（一九〇三〜一九九三）は、人間はその生命の永続と調和を可能にするような社会的倫理的立場に立脚して地球の未来に配慮しなくてはならないと考えた。生命のリスペクトは、特定の時代や文化に生きる個々の人間の選択的な意思を超えたものとつながっていなくてはならない。

弱肉強食の新自由主義経済を生き残るためだなどと言って弱者を搾取したり食い殺したりしている場合ではない。

出会いについて

出会いの階層性

出会いにはヒエラルキーがある。そんなことがつくづくわかってきたのは実は比較的最近のことだ。きっかけは、両親を亡くしたことだったかもしれない。

思えば、この世に生まれたときに私は両親と出会った。幼いころには両親は全能の存在であり、絶対の庇護者だった。青年になり大人になり自立を模索していたころには、その両親がある意味で「敬して遠ざける」存在になっていた。やがて、親として人生の先輩となり、最後には、老いて小さくなっていく両親は自分が「保護しなければならない」と心にかかる一つの重荷になっていた。人生の無常に対する一抹の寂しさもあり、どこかにあきらめを先取りしたような部分も生まれていた。

ところが、両親を失った後しばらくして、はじめて、最初の出会いのときから実は本質的には何も変わっていない両親の全体像がありありとよみがえってきた。私はもう一度彼らとの出会いを果たしたのだ。そしてそれはもう決して別れのない出会いだった。

人生における誰かや何かとの出会いとは、ひょっとしていろいろな層をなしているのではないか、深くかかわるうちに少しずつ、あるいは死のような危機を経て突然、関係性の変化と別のところにある次元での「本当の出会い」が用意されているのではないか、と思い始めたのはそのころからだ。それは逆に子どもたちとの「出会い」でも実感させられたことだ。

子どもの誕生はすばらしい「出会い」の瞬間であり、成長し世界を発見していく子どもたちの毎日は、彼らが世界と出会う瞬間に立ち会い、それをとおして彼らとも新たに出会いを繰り返すようなものだった。そのうちに、彼らの人格がはっきりとした形をとって現れるようになったとき、それも実は最初の出会いのときから彼らの中にずっとあった核であったのだと理解した。その彼らとの新しい出会いにおいては、私もまた、親という役割規定を離れた一つの全的な人格として自らを差し出さなければならないのだった。真の出会いとは、だから、自らの人格の根っこの部分まで遡及しかつ俯瞰する「自分との出会い」を必要とするものでもある。

音楽を理解するということ

トリオの演奏家として何十年も同じ仲間と同じジャンル（フランス・バロック）の曲を研究し演奏し続けている私には、「音楽を理解すること」における出会いの深さも実感できる。

私たちが同じジャンルの曲を弾き続けているのは、それが「好み」だからというわけではない。ある音楽を理解すること、本当に出会うということは、その核になる構造を理解することだ。メロディーラインが流れていく変遷する部分ではない。弾く前にすでに見えていて、弾きながら構築して弾き終わると一つの全体が現れることを成り立たせているような構造である。

それは何拍子の何調の曲だとか主題と変奏があって何度繰り返されるかというような「形式」のことではない。もちろん形式や構成をつかめないと演奏は不可能だし、一生をその形式にのっとった演奏技術の確かさとそれに自分の個性を乗せていくことだけに費やす演奏者もたくさんいる。それはいわゆる「音楽鑑賞」においても同じだ。オペラのあるメロディーを気に入って何度も反復して聴いたり口ずさんだりする。でもそれは「出会い」の最終段階ではない。

たとえて言えば、ある大聖堂にやってきて、外からそびえたつ鐘楼を見て感動するとか、中に入って華麗な薔薇窓をとおして射す光に魅せられるとかいうようなものだ。大聖堂を魂のある構築物としてまるごとわかる、という出会いとは別のものだ。

断片的なものであっても耳に快く繰り返したくなる音楽というものはある。だからこそ、人の心を容易につかむコマーシャルソングというものが成り立つのだ。クラシック音楽の「有名なフレーズ」も同じで、何度も耳にすることで「知っている」気になってしまうものは商業価値も高くなる。しかし敢えて言えば、それは一種のフェティシズムだ。

ある人の小指が好きだからと言って愛撫し続けるとか、あるうら若いアイドルの姿にほれ込んで部屋にポスターを貼りまくるとかという形の充足は、はかなく移ろいやすいものでしかない。自分にとって都合のいい部分だけ、あるいは自分の力量に見合った部分だけとの「出会い」は、その部分の所有を欲する心を生み、相手の「全体」の存在を受けつけないことすらある。

神との出会い

音楽だけではない。若いころにも読んださまざまな古典を今読み返してみて、昔はまったく見えていなかった部分が「わかる」という体験をしばしばするようになった。

それは昔からそこにあったのに、私は出会っていなかったのだ。そして昔見えていなかったある部分と出会うことが引き金になって、突然全体が「わかる」ということもある。その作品を生むときに、作者を突き動かしていた力の構造の全体が見えてくるのだ。

それが聖書や聖典と名のつくものであればそれと「本当に出会う」ことはおそらく容易ではない。「納得できない部分」を拒絶したり無視したりすることもあるかもしれないし、「気に入った部分」を「自分のもの」にしようとするかもしれない。何度も繰り返して愛でるかもしれない。

フランスの思想家アンドレ・フロサールは『神は存在する。私は出会った』というタイトルの本で有名だ。そのフロサールと対談したカトリック哲学者のジャン・ギトンも、「私も神に出会った。見た。そこにいた。なんという調和と秩序とめくるめく光」と語っている。私にはその実感を想像することはできないけれど、「出会う」ということが「存在する」ことの認証に結びついていることがわかる。神と出会うということとは、「この世界のいのちを成り立たせている根本的な何か」と出会うことなのだろうから、それは自分をも含む生命との出会いでもあるのだろう。

人は人生の中で同じものや同じ人と何度も出会うかもしれないけれど、そしてその「部分」を自分のものにすることさえできるかもしれないけれど、実は、「全体との出会い」はただ一度しかなく、その一度は決定的なものになる。相手を所有したり、断片化したり、自分の都合のいいように利用したり、理解したりするものではなく、相手の全体を知ることで自分の全体とも出会えるような体験だ。それが本当に可能になるのは、相手と自分を同時に存在させている無限に大きな全体をとおしたときかもしれない。

「神に出会う」ことはできなくても、「神の中で出会う」ことは、きっと、できる。

その5

進み続けるかぎり世界は広がる

人事と天命

大忙しの観想修道会

「あら、今度は××司教さまからよ」「ほら〇〇神父さまからも」と、デスクにずらりと並んだパソコンモニターの前で忙しそうにしているのは、カトリックのシスターたちだ。二〇一三年三月、新教皇選出のための枢機卿会議が始まったころからの、フランスのある女子観想修道会の様子を描いたテレビのドキュメンタリー番組のひとコマである。

三十代から九十代の二十人ほどの修道女たちが養鶏を営みながら、決して外の社会に出ることなく祈りの生活を続けるその修道会の静かな日々は、新教皇誕生の前に急に忙しくなった。

前教皇が退位して以来、カトリック教会は「パパ」が不在の子どものように不安な日々の中で、普段にもまして、「天の父」にすがっているのだ。バチカンで直接教皇選挙にかかわっている聖職者も、教区にとどまっている聖職者も、皆その心は同じで、個人的に祈っているだけでは足りなくて、観想修道会に取り次ぎの祈りを依頼してくるわけである。

「観想修道会」というのは、外界に煩わされることのない非現実的な世界に引きこもって内向きに生きる場所などではなく、こういう「いざという時」のために神の近いところにスタンバイしている先鋭の基地だったのだ。

もちろん、聖職者たちは、自薦他薦の教皇候補を特別に応援してくれるようにとの祈りを依頼しているわけではない。試合前に神に祈るサッカー選手だって、相手チームの選手も同じように祈っているからには神がどちらかをひいきにしてくれるなどとは、本気で期待はしていないだろう。では彼らがなぜ祈っているのかというと、父親の見守りの中でアクションに入りたいのだと思う。

放蕩息子のたとえ話

聖書の放蕩息子の話（ルカ15・11～32）には、父親の財産を先に分けてもらって使い果たして敗残の姿で戻ってくる弟と、父のもとを離れずにまじめに働いてきた兄が出てくる。後悔する弟のために子牛を屠らせた父に対して兄は、自分は何年も仕えていて背いたことがないのに子山羊一匹もらえなかったと怒った。

この兄弟のあり方は、どちらも父親に対する間違った接し方を表しているのかもしれない。弟は父からの恵みを自分の安楽のために使い果たす「消費者」の立場で、兄は父を雇い主のように見て仕える「労働者」の立場だ。だから自分の労働に見合った報酬が得られないと、当然不満が出てくる。

私たちの「父への祈り」も往々にしてこのどちらかに傾くことが多い。ひたすら父の無償の愛を見込んで一方的に要求したり、あるいは主人から気に入られるようにと刻苦精励して努力に見合う報いを期待したりする。けれども、父への正しい接し方は、まさに、「父に対する子」であることなのだろう。放蕩息子は打ちひしがれて帰還したときに初めて、「ただの子ども」になった。

人が人生で危機に対処するときにこそ、まず、父を呼ぶこと、父の呼び声に耳を澄ますことが必要なのかもしれない。だとすると、よく言われる「人事を尽くして天命を待つ」という表現はひょっとして反対ではないかと思えてくる。

「人事を尽くして天命を待つ」というのは、「人間としてできるかぎりのことをして、その上は天命に任せて心を労しない」(広辞苑)という意味で、まずは自力でがんばってみろというニュアンスがある。たとえば、激しい選挙戦を繰り広げた後でついに選挙当日を迎えた候補者が、「今や人事を尽くして天命を待つの心境である」などと言う。しかしこれでは、「人事」の部分では選挙違反をしようと票を買収しようと敵を誹謗しようとやり放題だったかもしれない。その後で、最終的には運任せ、という心境なのかもしれないのだ。

天命を尽くして人事を待つ

本当に大切なことをするときは、逆にまず天命に委ねることが先なのではないだろうか。子として父を呼び父の声に対して耳を澄ませて心を開き、その信頼の中で初めて自分のできるだけのことを遂行していってこそ、「正しい道」から外れず、その結果も受け入れられる。カトリック教会は修道会の祈りという神とのホットラインをフルに使って「天命」を尽くし、後は「投票」という人事の結果を待ったのだ。

「白い煙よ！」

三月十三日の夕食の後、テレビの前でコンクラーベ二日目の夕方の結果を待っていたシスターたちが声を上げた。早く全員に知らせなくては。聖堂には老シスターが二人、離れた場所でじっと祈っている。「白い煙よ」と声をかけても耳が遠いのかすぐには反応しない。揺さぶるようにして、「白い煙、教皇さまが決まったのよ」と耳元で繰り返し、肩を抱いてテレビのある部屋に連れて行く。

ひとりのシスターが頬を紅潮させた面持ちでしっかりと鐘を打ち鳴らした。「嬉しいですか？」とインタビューされたそのシスターは、「嬉しいけれど、何か、もっと深いものです」と答えた。前教皇の退位以来、多くの人の思いを取り次ぎながら昼も夜も祈り続けてきた人ならではの感慨なのだろう。

それから一時間も経ってようやく窓に姿を見せた新教皇フランシスコは、「大切な兄弟姉妹、こんばんは」と挨拶し、「主が私を祝福してくれるように祈ってください」と言いながら頭をさげた。

「パパ」を失った教会は、天の父を求めてひたすら祈り、さらなる祈りを観想修道会に「発注」し続けていた。そして、投票という「人事」が終わって選ばれた新しい「パパ」は、子どもたちを兄弟姉妹と呼び、自分のために共通の父へ祈ってくれるようにと頭をさげたのだ。新教皇からの祝福を待っていたシスターたちは涙を浮かべた。誰もが、自分が頼りにされたと感じた。

「天命」にすがり、心を尽くし、祈りを尽くし、「人事」を待ったが、それはまた「天命」へと返されたのだ。「祈り」とは「祈り合う」ことで完成するのだということがよくわかる瞬間だった。

マリアは読み続ける

あるシスターのマリア像

日本の社会は、一見すると男性優位のマッチョな部分もあるのに、女性の中でも「母親」像については甘えと一体となった崇敬が広く存在するようだ。

キリスト教が最初に宣教されたときも聖母子像が人々をまず惹きつけたことはよく知られている。それに対して本来父権的な社会でキリスト教が広まっていく過程では、聖母の「聖なる」エッセンスは、支配者たちが社会秩序を安定させるために都合よく取り入れられていった。キリスト教以前の女神たちへの信仰の名残とあいまって、その行き過ぎがマリア崇拝となって批判され、宗教改革のテーマのひとつになったほどだ。

フランスのある修道会のシスター・ミシェルは、十八歳で回心してから修道会に入るまで、自分の信仰の中に聖母の占める場所がほとんどなかったと告白している。シスター・ミシェルが抱いていた聖母マリアのイメージは、口数少なく遠慮がちな受動的なものだった。そのイメージが、「女性は表に出ないで一歩下がって控えるべし」という社会が求める女性のモデルを提供してしまっていると考えていたのだ。

ところが、あるとき、福音書をじっくり味わっていると、シスターは自分とマリアの間に絆ができたのに気づき、それ以来、聖母を見る目がまったく変わってしまったという。

まず、「受胎告知」の中に、耳にしたことを鵜呑みにせずに「問い返すことを恐れない」女性の姿を見た。マリアには「告知」が本当に神から来たものかどうかを分別する必要があったし、その判断を下す根拠は、その「告知」が彼女の心に喜びと平穏と力をもたらすものであるかどうかということだった。

天使は、処女に受胎をもたらせる神の力を納得させるために、マリアの年老いたいとこのエリサベトも妊娠していることを知らせた。メールも電話も郵便もない時代だ。マリアは妊娠しているにもかかわらずなんと、そのことを確認しに、一人で、徒歩で、はるばるとエリサベトを訪ねたのだ。

現在、聖母訪問の教会はエルサレムの西方にアイン・カレムというところにある。マリアが北のナザレから出発したのだとしたら、かなり遠い。マリアが来るとエリサベトに聖霊が満ちて、「主の言葉の実現を信じたマリアは祝福された幸いな方である」と言わせた。身重のエリサベトの姿を見てその言葉を聞いたマリアは、ここで初めて、「私は主のはしためです」という受け入れだけではなく、神を喜びたたえ、自分に起きたことが「偉大なこと」だと確信して感謝した(ルカ1・26〜56)のだ。

マリアの能動性

十代の少女は突然告げられた運命に受け身で従ったわけではなく、使命の真実性を確かめるために実地検証することを自分で決断したわけである。その結果、疑いから解放されて喜びうたった賛歌は世界中で虐げられたすべての人の解放を堂々と標榜している。まさに聖霊にインスパイアされたと言える広がりに驚かされる。

その後のエジプトへの逃避行（マタイ2・13〜15）も、「不正な権力者に強いられる亡命」とは何かを先取りしている。カナで婚礼（ヨハネ2・1〜11）ではイニシアティヴをとることをためらわず、「この人（イエス）が何か言いつけたら、そのとおりにしてください」と召使いに言った。使徒たちと共に聖霊が降るのを待ったし、その後も、「口数が少ない」どころか、キリスト教の発展とともに、ここぞというときには「ご出現」して、神へアクセスする新しい道を示す数々のメッセージを伝え続けてきているのだ。なんと能動的な女性だろう。

シスター・ミシェルのこの体験談を聞いて、別のシスターは長い間患っていた鬱状態を癒された。その人は、聖母が息子の誕生や成長にまつわる試練を「すべて心に納めていた」とされているのに倣って、自分の感情を押し殺し意見を表明せずにずっと暮らしていた結果、自分の殻に閉じこもってしまったのだった。

近代以降のカトリック国では、聖母をひたすらに清らかで透明な天女のように崇める風潮があったので、意思や疑いや喜びを表明する生身の人間像はすっかり薄れていたのである。

本を手離さない聖母

近代とは対照的に、中世のマリアは、エリサベトを訪ねる旅に出た行動の人のイメージどおり、罪びとの魂を悪魔から奪い返して天国に連れて行くという勇ましく頼りになる存在でもあった。しかも、単に「体育会」系ではなく、本物のインテリとしても認知されていた。

マリアのイメージの伝統には、「幼いころからエルサレム神殿にささげられて職務に就く学問好きの女性」というものがある。絵画の中には、マリアが神殿で重要な研究をしているという表現もある。

受胎告知の図柄には早くから「神殿内で本を読むマリア」が描写されてきた。十五世紀フランドルの画家、ロベルト・カンパンの『受胎告知』のマリアなどは、分厚い本を読むのに集中していて天使の登場をほとんど無視しているように見える。同じカンパンの『聖母の授乳図』には、授乳を始める聖母の脇に読みかけの本が広げられているのが見える。

ルネサンス期を代表するラファエロの聖母子像のマリアもしばしば小ぶりの本（時祷書？）を手元で開いたままだし、十七世紀のレンブラントのマリアも幼子イエスを寝かしつけようと片手を揺りかごにかけて、大きな本を膝に置いて読み続けている。

まるでマリアは受胎告知の前から一貫して、自分の使命を知的に理解しようとし続けているかのようだ。

慈母というよりも「身に太陽をまとい、月を足の下にし、頭には十二の星の冠をかぶ」る黙示録（12・1）の女というイメージで十九世紀以来ご出現を続けてさまざまなメッセージを発信しているマリアも、神学的なコメントをすることをためらってはいない。

極めつけは一九四七年ローマのトレ・フォンターネに現れた「黙示の聖母」だ。両手にはロザリオだの百合の花だのではなく一冊の本を抱えているマリアは、聖母被昇天を正式に教義とする確信を与えてくれる「徴し」を待っていたピウス十二世に、「私の体が腐敗することはあり得ない」という明確なメッセージをもたらした。聖母の姿を見て声を聞き、教皇に取り次いだのは教皇の殺害を計画していたほどのカトリック排斥者だった。同じように劇的な回心をした聖パウロの殉教の地でのことである。

一九五〇年、聖母被昇天《ひしょうてん》は教義となった。イエスの母は「教会の母」として尽きることのない知力と行動力を発揮し続けているわけだ。

シスター・ミシェルの修道会のチャペルには特別注文した聖母像がある。そのマリアはヴェールをかぶらず、手にはしっかりと聖書を抱えているそうだ。

神の国の地図

キリスト教とシンボル

「キリスト教とシンボル」という組み合わせを見て私が思い出すのは、ヨハネ・パウロ二世がフランスのコンクという聖地の巡礼者に向けて言った「目に見える世界とは、生きた神の永遠の住まいである天の国を示す地図のようなものです」という言葉だ。

なるほど、神も神の国も、この世界に生きているかぎり私たちの目には見えないわけだけれど、神が創造したこの世界の自然を小さなものから雄大なものまでじっくり観察したり、聖霊に導かれて信仰の証しをさまざまな方法で刻んできた人々の残した聖地を訪れたりすると、それはそのまま神の国の一つの表現になっているのかもしれない。

ピレネーにあるコンクという聖地は中世ヨーロッパでスペインのサンチアゴ・デ・コンポステラへの巡礼路の一つとして有名な場所で、世界遺産にもなった美しい場所だ。四世紀初めにフランスのアジャンという町で、わずか十二歳のフォワという少女が信仰を捨てるのを拒否して青銅のグリルで生きながら焼かれて首をはねられたという悲惨な殉教が発端なのに、コンクは他の由緒ある聖地と違ってどこかおおらかで滑稽な感じがする。

聖女フォワはラテン語でフィデス、信仰という意味で、殉教地のアジャンにサント・フォワ教会があったのだが、コンクの修道院の修道僧が九世紀に聖女フォワの聖遺物である頭蓋骨を盗みだして持ち帰った。コンクには巡礼者を集める有力な聖遺物がなかったからで、聖女フォワに目をつけた修道僧が、怪しまれないように十年間もアジャンに住んでから盗みを決行したというのだからその遠謀に驚く。

中世ではこのような聖遺物盗みは成功すれば「移送」として黙認されていたらしい

が、八〇〇年のノルマン人の侵攻を前にして聖遺物がすでにどこかに隠されて保管されていたという説もある。コンクはもともとケルトの聖地でもあるパワースポットであるらしく、サント・フォワ修道院ができてからはもくろみどおりに大巡礼地となり、聖女はイベリア半島のレコンキスタの守護聖女ともなってアメリカ大陸の多くの町にも「サンタフェ」の名を残した。

コンクでは無数の奇跡譚が記録されたが、他の由緒ある聖地のものと違ってどこかおおらかでユーモラスなものが多い。今でも修道僧が巡礼者のために光と音のワンマンショーを繰り広げ、聖堂にロック・ミュージックがオルガンで流れることもある。修道僧たちは多くの時間を祈りと黙想にささげるが、やって来る人には信仰の有無や宗教の違いを問わずにそのまま受け入れて大いに楽しく福音を伝える。コンクにやって来る人には修道僧たちの手作りの「神の国の地図」が差し出されるわけだ。

ローのノートルダム

思いがけない展開で神の国の新しい地図がつくられる聖地は他にもいろいろある。ピレネーとは反対側のアルプスの聖地のロー（ロースとも発音される）も不思議なところだ。

十九世紀以来のルルドなど聖母単身のご出現ブームとは違って、十七世紀に左手に幼子を抱いた聖母が十七歳の羊飼いブノワット・ランキュレルの前に現れた。彼女が七十一歳で亡くなるまで五十四年にわたってコンタクトし続けたという「マリアご出現」史上最長の記録をもつ。聖母は過激なメッセージを送り続けたのではなく、ジャンセニズムの影響を受けて苦行を遂行しようとしたブノワットに聖母や天使がその行き過ぎを何度も戒めたほど穏健だった。

ローは人生で嵐に遭遇した人が救いを求めてやってくる巡礼地となり最初の二年に

六十件の奇跡の治癒の報告が法律家によって記録され「ご出現の真正」を認めた記録もある。けれどもカトリック教会がご出現を認定したのは二十一世紀のことだ。ブノワットの列福調査の前段階として二〇〇八年に正式に聖母出現地と認められた。以来、聖地パワーは増している。ブノワットに聖母が現れるたびに、周りの人も天上的な香りをはっきり感知した。その香りは今もノートルダム・デュ・ローのバジリカ聖堂を訪れる人々が個別にキャッチする。

聖母は、ブノワットをとおして、聖体の前に灯りをともす油に指を差し入れて塗油することを巡礼者に勧めた。香りと灯りと油の手触り、ここでは巡礼団の集団のパワーで増幅される体験ではなく一人ひとりの身の丈に合った親密な神の国の地図が提供されているのだ。

地図の読みとり方

けれども、提供されている神の国の地図から何をどう読みとるかのスキルや読解力には個人差がある。二次元の地図を眺めて山や森を思い描き、町並みを思い浮かべ、海の色や風の音まで感じてしまう人もいれば、ただの線や形や文字の連なりしか見ない人もいるのと同じだ。地図を見るだけで旅を実感してしまえる人もいれば、ただのツールでしかない地図そのものを愛好する人もいるだろう。

また、地図そのものも進化する。未知の領域が加えられたり、精度が増したり、三次元を二次元に置き換える方法が工夫されたりする。ウェブ空間では衛星写真による地図も見ることができるし、拡大縮小自在だし街角のスナップ写真さえ見ることができる。聖地の情報だけではなく個々の巡礼体験を掲示板やブログで共有することもできる。いろいろな人が地図をどう読みとったか、神の国の情報をどのように収集したかまでわかるようになったということだ。巡礼者が聖地で出会うように、人々はネットワークの中で出会うことができる。

神の国を求める人々が出会う場所そのものが聖地だとも言えるだろう。その出会いは一回性のものであっても、そこで共有した聖地という神の国の地図はその後の人生を導き続ける。その例の一つが、一九八五年、ヨハネ・パウロ二世の呼びかけで始まった世界青年の日（WYD）だ。

若者たちが出会うこの祭典の回を重ねるごとの盛り上がりは、大規模コンサートでのような一時的な熱狂やフュージョン、野外での集団ミサという非日常でのトリップだけで説明できるものではない。チェンストホヴァ（一九九一）で、パリ（一九九七）で、シドニー（二〇〇八）で、過去のWYDに参加した三十代、四十代の人々は、そのときの体験が人間的にも霊的にも決定的なものとなったと口をそろえて言っている。

若者たちが、教会にしろ政治にしろ、すべて体制的なものから離れ、懐疑的になり無関心になっていることが指摘される今の時代に、世界を舞台にして毎回場所を移しながら彼らが集まり、出会い、カトリック世界の頂点にある教皇を歓迎する様子を見ると驚きさえ覚える。

地図というツールがラディカルに進化したように、神の国の地図もまた、九世紀以来の聖地コンクや十七世紀以来の聖地ローを経て、グローバルに展開するＷＹＤへと進化していったのかもしれない。

ＷＹＤを始めたヨハネ・パウロ二世は、この世の地図に到底おさまりきれない人だったのだ。

宇宙に神を見る話

きょうだいとしての太陽は神に似ている

キリスト教が広まったギリシャ・ローマ系の文化世界では、宇宙は人間を超えた永遠のものだと考えられていた。ところがキリスト教はその宇宙をも創った万物の創造神を信じるので、「宇宙」も「人間」と同じ「被造物仲間」になった。「太陽は兄弟、月は姉妹」の世界だ。それでもはるか彼方に広がる宇宙を見上げると、人はそこに神の存在のヒントを探ろうとしてしまう。

ジュール・ルナールはその日記に「満天の星。神のうちには灯りがともっている」と書いた。人はいつも神の住まいを天の国に見てしまう。ヴィクトル・ユーゴーは、満天の星は神の靴底に打たれた釘であると形容した。宇宙の果てをも超えたところに神を見る壮大な比喩だ。

　宇宙の神秘を前にしたときの「神」の感覚は、その神が宇宙に内在しているにしても超越しているにしても、あまりにも普遍的なので、近代世界が聖なるものを失って世俗化する傾向の中で、それに対抗する「神の存在証明」としても使われてきた。

　二〇〇九年にドイツのテレビ番組で、ある実験が紹介された。陽の射さない森の中、砂漠、夜の砂漠でそれぞれ、人々に、指定された一定方向に向かってまっすぐに歩いてもらう。結果は、右利きも左利きも関係なく、月や太陽のない場所では人は方向感覚を失うというものだった。

　夜の砂漠で月が出ている間はまっすぐ歩けていた人も、月が隠れると間もなくぐるぐる回る。空の光のないところでは、前に進んだつもりで気づかずにスタート地点に戻った人もいた。目隠しして五十分歩いたら、どの人も、わずか数十メートル進んだところであらゆる方向に逸れるのだ。

人は太陽を直接見ることはできないけれど太陽がないと方向感覚を失うというのは、人はこの世では決して目で見ることのできない神に頼って人生を進み続けることができるということにもつながる。

神の存在の仕方

あるところに、夜の暗闇を怖がる女の子がいた。ある夜、外に出たら、満月だった。月の光に安心した女の子は「私は、お月さまが好き、だって明るくしてくれるから」と言った。

父親が、「じゃあ、お日さまは？　お日さまはもっと明るいよ」と聞くと、女の子はこう答えた。

「あら、お日さまは光ってもあまり意味はないわ、だって明るい昼間に出てるんですもの」

私たちはこの無邪気な答えを前にして、果たして笑えるだろうか。誰でも、人生で苦しい闇の中にあるときはどんな小さな光にでもすがって敏感になり、感謝することを知る。ところがすべてうまくいっているときにはそれがあたり前だと思う。光の導きなしに自分の足でまっすぐ歩いていると錯覚しているからだ。けれども暗い夜に照らしてくれる月だって、実は太陽の光を反射して光っているのだ。

人はネガティブなことを記憶に刻むように進化してきた。だからこそ、地上にはびこる不正や暴力などの「悪」を見て絶望しては、「神も仏もあるものか」と嘆く人がいる。では、神はいなくても「悪」の存在だけは確かなのだろうか。これも、「闇」のことを考えればわかりやすい。

闇とは光の欠如という現象であって、実態ではない。光はスペクトルに分光できるが、闇は、そこに残っている光の度合いでしか測れない。「冷たさ」も同じだ。「冷たさ」とは実は「運動＝熱」の欠如のことだ。だからすべての分子が運動しなくなったときの絶対零度という限度がある。悪や不幸の存在は、「神が存在しない証拠」などではなくて、人が神を見失ったときに起こる現象なのだろう。

また、人間の灯すどんな明かりにも限界があるのに、永遠に灯っているように見える星明かりのきらめきは、人々に聖なるものを喚起する。私たちの魂はそれぞれ神を宿しているのだから、星のように消えることのない光を発し続けているのだと見た、フランスの作家もいる。絶望は自分の魂の中の光を見失うことでもある。

ネルソン・マンデラと「神の子」

南アフリカのネルソン・マンデラは、マルクス主義革命理論に立脚したアフリカ民族会議で人種差別と戦ったせいで、自らを無神論者と位置づけていた。その彼が二十七年間の捕囚生活から生還して南アフリカ初の黒人大統領に選出されたときの就任演説で、アメリカの作家マリアンヌ・ウィリアムソンの詩『最も深い怖れ』を引用した。

そこでは、「私たちが最も怖れているのは自分の無力さでなく、むしろ力強さであること、自分の闇ではなく光なのだ」と語られている。けれども、すべての人は「神の子」であって、光り輝く存在である。周りの人に遠慮してとるに足らない人間であるふりをして生きてはならない。「私たちは、自分の内にある神の栄光を明らかにするために生まれた。それは、選ばれた人にだけあるのではなく、私たち一人ひとりの中にある。自分自身の光を輝かせるにつれて、私たちは無意識に他の人を輝かせることができる。自分自身の怖れから自由になることで私たちの力は他の人々も解放することができる」と詩は結ばれる。

大宇宙と小宇宙（人間、人体）とがつながり照応しているという考えは、古代から存在していてヘルメス思想を通じてルネサンス時代に花開いた。それは、占星術から魔術、ホーリスティック医学から量子力学の世界まで、さまざまな形をとって現代まで続いている。

自分の中に潜在している明かりを怖れずに灯し、そのことで他の人の明かりとつながる。その明かりが自分たちを超えた大きなものにつながっていること確信しなければれば、多くの犠牲者を出した「悪」の人種差別政策の後で報復を唱えずに和解を説くことは不可能だったのだ。

太陽はすべての人を照らす。人も宇宙も創造した神の「いのち」の光を一人ひとりが輝かせ、分け合い、怖れずに進むことを、私たちは内と外の宇宙から促されている。

永遠のいのち

永遠のいのちは神の賜物

キリスト教の文脈には「永遠のいのちを受け継ぐ」、「永遠のいのちにあずかる」など、「永遠のいのち」という言葉がたくさん出てくる。それどころか、多数の神々が都市や人々を守護していたギリシャ・ローマ世界にキリスト教が広まることになった大きな理由は、永遠のいのちの約束の魅力に人々が抗えなかったからだ。

「信じる者が皆、人の子によって永遠の命を得る」（ヨハネ3・15）、「わたしの言葉を聞いて、わたしをお遣わしになった方を信じる者は、永遠の命を得、また、裁かれることなく、死から命へと移っている」（ヨハネ5・24）、「はっきり言っておく。信じる者は永遠の命を得ている」（ヨハネ6・47）などのイエスの言葉を聞き受難の後の復活を見て、「わたしたちはキリストの恵みによって義とされ、希望どおり永遠の命を受け継ぐ者とされた」（テトス3・7）という確信をキリスト者たちは抱いた。

永遠のいのちという神の賜物は主キリストの内にある。「神は、その独り子をお与えになったほどに、世を愛された。独り子を信じる者が一人も滅びないで、永遠の命を得るためである」（ヨハネ3・16）と知らされ、その方法も「わたしの肉を食べ、わたしの血を飲む者は、永遠の命を得、わたしはその人を終わりの日に復活させる」（ヨハネ6・54）と残され、たとえこの世で迫害を受けても「後の世では永遠の命を受ける」（マルコ10・30）と約束されたのだ。

肉体の死の後に、魂の消滅や輪廻転生や地獄の苦しみではなく新しくステップアップしたいのちがそのまま続くのだという希望は、人々にとってまさに「福音」だった。さらに、死ねば単に天国で憩えるというのではない。時空を超越したキリストや聖人をとおして、生きている人々がささげる祈りとつながり互いに助け合い続けることができる。

カトリックの列福や列聖の手続きはそれをよく表している。立派な生き方をしている人を聖者として崇めるのではなく、彼らがこの世の生を終えて神のもとでいのちを新しくスタートさせた後で「取り次ぎ」を祈り、この世で奇跡を現したときに初めて、福者や聖人とする。キリストをとおした永遠のいのちを生きていることが証明されるからだ。

このような聖人崇敬については、日本にも亡くなった先祖に加護を祈るというような信仰が昔からあるので格別意外ではないが、そういう現世でのご利益の意識のほうが「永遠のいのち」よりも表に出がちだ。それでも、キリスト教には誰でも永遠のいのちに参入して人々とつながり続けるというベースが確かにある。ところがキリスト教以外ではなかなかそうはいかない。

残される者の不安

精神医で作家のなだいなださんが亡くなる前に、自分は無神論者だから死ねば無に帰するだけであると、死を受容する心の文を綴っていた。けれども、そばにいる夫人がパニックに陥っていることだけが気がかりであるという。同様に、最近、ある禅宗の高僧の身に起こったことを耳にした。その人は癌を宣告されたのだが、高僧らしく生に執着することなく、無理な治療を初めは拒否していたという。ところがやはり夫人が必死になって延命治療を望んでいた。

そんな折、高僧はリジューの聖女テレーズのエピソードを知ることになった。修道院の中で生き、まだ若くして結核で余命少ないことを自覚したテレーズは、先行する聖人伝を読んで刺激され、自分も死んでから残された人々のために尽くそうと決意して表明したのだ。

実際、彼女の死後、多くの人が神への取り次ぎを祈り、「薔薇の雨」と称されるほどに全世界から奇跡の報告が寄せられた。修道院から出たこともない少女が近代カトリック世界で人気ナンバーワンの聖女とされて、今も多くの人に生きる力を与え続けている。「永遠のいのち」とは、この世での人々のつながりを別の形で強化し発展させることだったわけだ。

これを聞いた仏教の高僧は驚いた。この世の生に執着しないという自分の悟りの境地は、結果として妻や家族の悲しみや苦しみを顧みることを妨げていたのではないだろうか。高僧は妻の望みどおり最新の治療を受け入れて、やがて病気は寛解《かんかい》した。

いのちはいつも同行二人

仏教でも仏となるために衆生を救う菩薩行が必要とされるが、仏の境地とはすべての苦しみのもととなる妄執から解放されることにほかならない。キリスト教では、人がこの世に生きていたときの「人格」のままキリストをとおして永遠のいのちに参入して、古今すべての人とつながり交わり続ける。

「あなたがたはキリストの体であり、また、一人一人はその部分です」（コリント一、12・27）とパウロが言ったのがまさにそれなのだろう。排他的な宗教共同体の「体」ではなく、すべての人が永遠のいのちへと招かれている。

実際、親しい人が世を去るときに、「死ぬのは怖い、痛い、苦しい」と言い続けたり、「死ねば無だ、ブラックアウトだ」と言い切って虚無だけを残したりするよりも、「死は終わりではない、永遠のいのちの始まりだ」と言ってくれたとしたら、残された者にはどれほどの慰めになるだろう。そのとき、「いのち」はまさに、死を超えて育まれるものとなる。

戦争を知らない人々が高齢化していく今の社会は同時に、家族や地域共同体の大きな枠がくずれた社会でもある。今や人は家族や社会に迷惑をかけずに自分でちゃんといのちの終わりを準備しなくてはならない時代になっている。でもいくらエンディングを準備したところで、いのちを終える不安はなくならない。

けれども、誰でもその気になればできるのは、自分の後に残る親しい人々の不安を減らすことだ。多くの聖人が範を示したように、「亡くなってこそ不自由な体から解放されてよりアクティヴに貢献するよ」と言い残せばいいのだ。そうやって「永遠のいのち」の現役感を獲得すれば、この世の老いや病や痛みも相対化できるし、次の世代にいくらかでも明るさをもたらすことができる。それは立派に「福音宣教」の一つだろう。

ある個人が生まれてから死ぬまでには、その前と後ろがある。日本の伝統社会でも、前には祖霊がいて後には自分らが祖霊となるように、人は、初めも終わりもない大きな流れの中で、この世にやって来て戻っていくのだ。それはキリスト教の永遠のいのちと似ている。

こんな話を思い出す。ある人が試練にあって神に見捨てられたと嘆いた。それまで自分のそばをいっしょに歩いていた神の足跡が消えてしまった、一人にされたと文句を言った。するど主の声が聞こえた。「わたしはいつもあなたといっしょだよ。そこにまだ残っている足跡はわたしのものだ。わたしは今あなたを胸に抱いて歩いているのだよ」

私たちのいのちとは、主の手からそっと降ろされてこの世を共に歩いた後で、再び主の手に抱かれて歩き続けるようなものなのかもしれない。

❖著者略歴

竹下節子（たけした・せつこ）
1974年、東京大学教養学部教養学科フランス分科卒業、同大学院比較文学比較文化専攻修士課程修了。同博士課程、パリ大学博士課程を経てフランスの高等研究実習院(fr:École pratique des hautes études)でカトリック史やエゾテリズム(fr:Ésotérisme)史を修める。現在は比較文化の視点からの評論、執筆活動のほか、室内楽アンサンブルのグループを主宰するなど、多様な文化活動を行っている。著書に『奇跡の泉ルルドへ』(NTT出版)『キリスト教』(講談社選書メチエ)『ローマ法王』(中公文庫)『バロック音楽はなぜ癒すのか 現代によみがえる心身音楽』(音楽之友社)『キリスト教の真実――西洋近代をもたらした宗教思想』(ちくま新書)『戦士ジャンヌ・ダルクの炎上と復活』(白水社)『無神論 二千年の混沌と相克を超えて』『ユダ――烙印された負の符号の心性史』『キリスト教の謎――奇跡を数字から読み解く』(以上中央公論新社)『カトリック・サプリ1 人生を活性化する25錠』『カトリック・サプリ2 生き方をインスパイアする25の話』(以上ドン・ボスコ社) 訳書に『自由人イエス』絵本『聖ヴィンセンシオ・ア・パウロ』『聖カタリナ・ラブレ』『聖ルイーズ・ド・マリヤック』(以上ドン・ボスコ社)等、多数。

カトリック・サプリ3
人生《じんせい》に希望《きぼう》の種《たね》を蒔《ま》く25の話《はなし》

2016年4月26日　初版発行

著　者　竹下節子
発行者　関谷義樹
発行所　ドン・ボスコ社
〒160-0004　東京都新宿区四谷1-9-7
TEL03-3351-7041　FAX03-3351-5430
装　幀　幅 雅臣
印刷所　株式会社平文社

ISBN978-4-88626-603-3

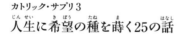